Wolfrum · Kiechla, Klees und Krautsalot

Traudl Wolfrum

Kiechla, Kleeß und Krautsalot

und wos a Bareither noch gern moch

Intraton

Meinen Kindern
Maja, Verena und Sandy

2016 by Intraton Bayreuth
13. Auflage 2016
Fotos: Fotostudio Schmidt, Bayreuth
Zeichnungen: Eberhard Loew, Bayreuth
Verlag, Satz und Druck: Intraton Bayreuth
Meyernbergerstr. 1
95447 Bayreuth
Printed in Germany
ISBN 3-925361-54-5

Inhalt

Vorwort

Zu den in diesem Büchlein gesammelten Kostproben aus dem Bayreuther Küchenzettel von gestern und heute ist in Kürze Folgendes zu sagen:
Die Kochrezepte sind im Allgemeinen für 2 bis 3 Personen berechnet, wobei dies natürlich in Anbetracht der sehr unterschiedlichen Esslust einen Erfahrungswert darstellt.
Die beliebige Benützung eines energiesparenden und vitaminbewahrenden Dampfschnellkochtopfes ist selbstverständlich bei vielen Mahlzeiten, wie zum Beispiel bei allen Gemüse- und Eintopfgerichten, bei Rouladen, Suppenfleisch und Suppenhuhn etc., absolut zu empfehlen. Ein herzhafter Braten hingegen wird knuspriger und seine Soße inhaltsreicher, wenn man ihn wie beschrieben auf konservative Weise in der Röhre zubereitet.
Bei der Herstellung von Kuchen und Plätzchen mag Rühr- und Knetwerk der Küchenmaschine zwar eine hilfreiche Erleichterung

darstellen; in Anbetracht der Tatsache allerdings, dass für den menschlichen Kräftehaushalt die gegensätzliche Regel gilt wie für den Finanzhaushalt, nämlich: „mehr ausgeben als einnehmen", bleibt die ernsthafte Überlegung, das Gebäck vielleicht doch lieber von Hand herzustellen wie einst unsere Vorfahren, denen gar keine andere Wahl blieb. Sie verausgabten sich bei allen derartigen Tätigkeiten körperlich wesentlich mehr als wir heute, mit dem Vorteil, dass sie längst nicht so kalorienbewusst leben mussten.

Das ängstliche Zählen von Kalorien
ist nur eine von den vielen Manien
unserer wohlstandsgeschädigten Zeit.
Anstatt mit Genuss und in Dankbarkeit
voll Lust zu verzehren ein schmackhaftes Mahl,
wird einem jeder Bissen zur Qual,
weil der unerbittliche Zeiger der Waage
mit Sicherheit schon am nächsten Tage
uns schonungslos kündet: Du wirst zu dick!
Wie doppelsinnig des Menschen Geschick ...
Zu denken, dass nach diesem Leben auf Erden
wir irgendwie alle gewogen werden
und dabei – mitsamt unseren vielen Pfunden –
dennoch als viel zu leicht befunden ...!

Zu den Mundartgedichten und den Dialektausdrücken darf ich die herzliche Bitte äußern, diese laut zu lesen oder sie sich von einem „Ureinwohner" vorlesen zu lassen. Mundart will leben, sie muss gesprochen werden, ebenso wie die Rezepte erprobt sein wollen! Zu beidem wünsche ich gutes Gelingen!

Traudl Wolfrum

Zur erweiterten Ausgabe

Meine Leser krieng halt einfoch nett genuch,
drum hob ich in der neig Ausgoob von meim Buch
– was issma denn annerscht iebrich gabliem? –
nuch amoll 12 Rezepte zammgschriem,
die ma kennt und schätzt
do bei uns in Bareith.

Ich wett, dass ann jedn Schpaß macht und Freid,
die widda amoll aufn Tisch zu bringa,
und do dazu wünsch ich: gutes Gelinga!

Traudl Wolfrum

Kartoffelgerichte

Die Bareitha Kleeß

A richticha Bareitha mooch –
des is a alta Kees –
ka liebas Essn zo Mittoch
als wie sei Roha Kleeß!

Ich, fier mein Taal, denk grood asu:
Mich lockt ka Ehr, ka Geld ...
doch Roha Kleeß und Brie dazu,
nix Bessas auf da Welt!

Wenn's in da Schissl drinna lieng,
schee rund und gelbli-weiß,
wenn sa su zittan vor Vergnieng ...
und wenn i ann zerreiß,
nochd is a jedes Eckala
su franzich wie a Wolln ...
und wenn die Semmlbröckala
schee aus da Mittn rolln ... !!

Ann Schweinebrotn noch dazu,
a Gänsla darf's' aa sei,
an Krautsalot – und nochd mei Ruh...
do haui oba nei!

Samuel Bach

... und hier das Grundrezept für

Roha Kleeß oder Griena Kleeß

Zutaten:
10 bis 15 große Kartoffeln, etwas Salz und Essig, in Schmalz geröstete Weißbrotwürfel.

Alle Kartoffeln schälen und $^1/_3$ der Gesamtkartoffelmenge in Stücke schneiden und in wenig Salzwasser weich kochen (wie zu Salzkartoffeln). Die rohen Kartoffeln auf dem Reibeisen in eine Schüssel reiben und dabei gelegentlich etwas Wasser, das mit wenig Essig vermischt wurde, über das Reibeisen gießen. Die geriebene Masse sofort in ein leinenes Kartoffelsäckchen gießen (Kleeß-Säckla). Dieses ganz kräftig ausdrücken, das ausgedrückte Wasser sammeln

und etwas stehenlassen, damit die Stärke sich absetzt. Inzwischen gibt man die gut trockene Kartoffelmasse in eine Schüssel, schmeckt sie mit reichlich Salz ab, gibt die gewonnene Stärke, von der das Wasser sorgfältig abgegossen wurde, dazu und verknetet alles gut. Nachdem man das Ganze mit so viel kochendem Wasser überbrüht hat, dass der Teig nicht zu fest und nicht zu weich ist, presst man die inzwischen weichgekochten Kartoffeln mit dem Kartoffeldrücker zu dem Teig und arbeitet diesen mit den Händen kräftig durch. Nun formt man mit nassen Händen runde Klöße, gibt in deren Mitte jeweils einige geröstete Weißbrotwürfel (Bröckala) und legt sie in einen reichlich großen Topf mit sprudelndem Salzwasser. Man lässt die Klöße etwa 20 Minuten ziehen (nicht kochen!), bis sie hochsteigen.

Diese „klassischen" Klöße gab es und gibt es in manchen alteingesessenen Bayreuther Familien dreimal in der Woche: Am Sonntag, am Dienstag und am Donnerstag! „*... do hot ma wenigstns gessn.*"

Baamwollne Kleeß oder Kochta Ärpflkleeß

(Gekochte Kartoffelklöße)

Zutaten:
2 Pfund gekochte Kartoffeln, ca. 100 g Mehl, 2 Eier, etwas Salz und Muskat.

Aus den möglichst am Vortag gekochten, durch die Kartoffelpresse gedrückten oder geriebenen Kartoffeln und allen übrigen Zutaten bereitet man einen formbaren Teig (evtl. etwas mehr Mehl nehmen). Aus diesem Teig formt man mit feuchten oder leicht bemehlten Händen mittelgroße Klöße, gibt goldgelb geröstete Weißbrotwürfel in deren Mitte und lässt sie in leicht siedendem (nicht sprudelndem) Salzwasser zugedeckt etwa 20 Minuten ziehen.

Eine beliebte Abwandlung:

Stärkkleeß

Zutaten:
1050 g gekochte, geschälte und durchgedrückte Kartoffeln, 300 g Stärkemehl, $^{3}/_{8}$ l Milch, Salz.

Man vermischt Stärkemehl und Salz gut mit der Kartoffelmasse und überbrüht das Ganze mit der zum Kochen gebrachten Milch. Gut durchmischen, Klöße formen (Bröckala nicht vergessen!) und in leicht kochendem Salzwasser 15 bis 20 Minuten gar ziehen lassen.

Anmerkung:
Früher wurden sowohl diese Stärkklöße als auch die Gekochten Kartoffelklöße in Bayreuth mit Vorliebe zu Wildbret oder Sauerbraten gegessen, während man zu ausgesprochen fetten Soßen, wie bei Gans- oder Schweinebraten, den neutralisierenden rohen Kloß bevorzugte.

Eingschnittna Kleeß

Zubereitung:
Übriggebliebene rohe oder gekochte Klöße schneidet man in möglichst dünne, gleichmäßige Scheiben und röstet diese in einer Stielpfanne in reichlich Schmalz goldgelb. Dann verquirlt man pro Person ein Ei mit wenig Milch, würzt nach Belieben mit Salz und Pfeffer und gießt dies über die Klöße. Man streut reichlich Schnittlauch darüber und isst Salat dazu. Ohne Ei hat man die eingeschnittenen Klöße auch gern einfach zu Kompott gegessen. *„A weng wos Eigmachts dazu ... "*

Franzkung

(Gebackene Klöße)

Zutaten:
1 kg Kartoffeln, 3 Eier, 3 Esslöffel saure Sahne oder Buttermilch, 2 gehäufte Esslöffel Mehl, etwas Salz, Ausbackfett (Schweineschmalz oder zerlassener Speck).

Die rohen Kartoffeln schälen, reiben und auf einem Sieb gut abtropfen lassen. Dabei das abtropfende Kartoffelwasser auffangen und die sich darin absetzende Stärke zum Teig geben. Eier, Sauerrahm, Mehl, Salz und die gewonnene Stärke rasch unter die gut abgetropfte Kartoffelmasse geben, gut mischen und sofort mit einem Löffel kleine Fladen in das erhitzte Fett setzen (nicht zu eng nebeneinander). Etwas flachdrücken und beidseitig goldgelb ausbacken. – Dazu gibt's Apfel-, Birnen- oder Preiselbeerkompott. Nicht selten isst man *Franzkung* auch zu *Ärpflschnitz*.

Abwandlung:
Für den fettsparenden Franzkung gibt man die gesamte Teigmenge in eine ausgefettete Bratpfanne und bäckt sie in der Röhre, „ *bissa a schess Baggala hot*" (bis sie knusprig braun durchgebacken ist).

Zwifflschbotzn

(Zwiebelspatzen)

Zutaten:
Kloßteig wie für Rohe Klöße (S. 12), 3 bis 4 große Zwiebeln, 200 g geräucherter Bauchspeck, 1 Teelöffel Schmalz, 1 Brühwürfel oder beliebige Suppenwürze.

Man formt aus dem Kloßteig mit feuchten Händen längliche Spatzen, gibt diese in etwa $1^{1}/_{2}$ l sprudelndes Wasser, dem man die Suppenwürze beigegeben hat, und lässt sie zugedeckt ca. 20 Minuten leicht köcheln, bis eine sämige Brühe entsteht. Inzwischen brät man den in kleine Würfel geschnittenen Speck in Schmalz an, gibt die ebenfalls in Würfel geschnittenen Zwiebeln dazu und röstet alles gleichmäßig goldgelb. Nun nimmt man die Spatzen mit einem Schaumlöffel aus der Brühe, gibt von dieser ein wenig dazu und verteilt dann das Speck-Zwiebel-Gemisch darüber.

Dieses billige Gericht wird mit dem Löffel aus dem Suppenteller gegessen, und wenn es das Haushaltsgeld erlaubt, gibt es Siedwürste oder Presssack dazu.

Anmerkung eines Bayreuther Familienvaters:

„Aamoll Schbotzn – zwaamoll Schbotzn –
geht ma grod nuch ei ...
Drei-, vier-, fünf-, sechs-, siebnmoll Schbotzn ...
do schlochs Dunnerwetta nei!"

Nun aber zu weiteren Beilagen, die sich in Bayreuth einer gewissen Beliebtheit erfreuen. So gehört zu einem Familienfestessen, wie bei Konfirmation oder Hochzeit, obligatorisch – *„des is so klor wie Kleeßbrie* " (siehe Anmerkung Seite 18) – neben den unerlässlichen Rohen Klößen ein möglichst reichhaltiger

Serviettkloß

Zutaten:
8 Weckla (Weißbrötchen), ganz wenig Milch zum Befeuchten, 6 bis 8 Eier, 80 g Butter, Salz, Muskat, Petersilie, etwas Pfeffer, evtl. etwas Butter und Semmelbrösel.

Die Brötchen werden sehr feinblättrig geschnitten, mit wenig Milch beträufelt und etwas stehengelassen. Inzwischen wird die Butter schaumig gerührt, werden die Eier nacheinander dazugegeben und kräftig mitgerührt. Nun hebt man die feuchten Brötchen unter die Schaummasse und schmeckt mit den angegebenen Gewürzen ab. Diese Teigmasse gibt man nun kloßförmig auf eine große, weiße, mit Butter bestrichene Serviette und bindet diese mit einem Faden so locker zusammen, dass der Kloß einen Spielraum zum Aufgehen hat. Das Bündel wird an einem Kochlöffel in siedendes Wasser gehängt und zugedeckt $1^1/_2$ Stunden gekocht. Beim Anrichten stürzt man den Kloß auf eine Platte und überschmelzt ihn nach Belieben mit gerösteten Semmelbröseln.

Anmerkung:
Zu dem oft und gern zitierten Bayreuther Ausspruch: „... *so klor wie Kleeßbrie*": Die *Kleeßbrie*, das Kochwasser der Klöße, soll möglichst klar bleiben, als Zeichen dafür, dass die munter in ihm schwimmenden *Kleeß* (oder auch nicht selten *Kließ*) sich nur wenig oder gar nicht abgekocht haben und in ihrer vollen runden Größe an die Wasseroberfläche aufsteigen werden, wohlgelungen zur Freude der stolzen Köchin!

Bauchschtächala

(in Unterfranken: Kartoffelnudeln)

Zutaten:
750 g gekochte Kartoffeln, 3 Eier, 3 bis 4 Esslöffel Mehl, Salz und Muskat.

Die gekochten Kartoffeln werden geschält und durch die Kartoffelpresse, ein für die Bayreuther Kochkunst unentbehrliches Gerät, gedrückt. Man mischt mit den Händen Mehl und Eier gut unter und schmeckt mit Salz und Muskat ab. Nun formt man zunächst Kugeln, die man zu Fladen flachdrückt – knapp handtellergroß – und in der Stielpfanne in beliebigem Fett beidseitig goldgelb ausbäckt.

Diese Bauchschtächala schmecken hervorragend sowohl zu Kalbs- oder Lendenbraten als auch als Billigmahlzeit zu Birnen-, Apfel- oder Zwetschgenkompott.

Grießkleeß

Zutaten:
1 l Milch, 300 g Grieß, 3 Eier, 1 Brötchen, ca. 20 g Butter, Salz und Muskat.

Man bringt die gesalzene Milch zum Kochen, rührt den Grieß langsam ein und kocht ihn auf schwachem Feuer, bis er dick ist und sich vom Topf löst. Man gibt zunächst eines der Eier dazu und lässt die Masse erkalten. Inzwischen schneidet man das Brötchen in Würfel und röstet diese in der Butter goldgelb an. An den erkalteten Grieß gibt man sodann die restlichen Eier, würzt mit Salz und Muskat und formt aus dem gut durchgearbeiteten Teig mit bemehlten Händen runde Klöße, in deren Mitte man die Weißbrotwürfel gibt. Diese Grießklöße werden in reichlich Salzwasser etwa $^{1}/_{4}$ Stunde zugedeckt gekocht. Nach Belieben kann man sie beim Anrichten mit etwas gebräunter Butter überschmelzen.

Abwandlung:
Statt aus obiger Grießmasse einzelne Klöße zu formen, füllt man sie in eine gut gefettete Kochpuddingform und kocht sie im Wasserbad (Wasser muss bis zur Hälfte der Form reichen) in abgedecktem Topf ca. 70 bis 75 Minuten. Man stürzt die geöffnete Form auf einen Teller und legt einen mit kaltem Wasser angefeuchteten Lappen darüber. Nach einigen Minuten hebt man die Form vorsichtig ab. Dieser Grießpudding sieht hübsch aus und wird erst bei Tisch wie ein Kuchen angeschnitten.

Grießkleeß mit *Zwifflsooß* war übrigens eine beliebte Mahlzeit im 2. Weltkrieg und schmeckt auch heute noch gut, wenn es einmal fleischlos sein soll!

Zwifflsooß

(Zwiebelsoße)

Zutaten:
30 g Fett, 40 g Mehl, etwas Zucker, 2 bis 3 mittelgroße Zwiebeln, etwa $^{3}/_{4}$ l Wasser oder Knochenbrühe, Salz, Pfeffer, 1 Teelöffel Senf, ein „Sprutz" Essig.

In dem erhitzten Fett lässt man unter Zugabe von wenig Zucker das Mehl so dunkel wie möglich werden; nun gibt man die feingewiegten Zwiebeln dazu, lässt diese kurz mitdämpfen und löscht dann mit der kalten Flüssigkeit ab. Dann würzt man mit Salz, Pfeffer, Essig und Senf und lässt die Sauce gut durchkochen. Sie kann nach Belieben vor dem Anrichten noch mit Rotwein oder Rahm veredelt werden.

Kartofflsalot I

(alte Art)

Zutaten:
2 Pfund gekochte Kartoffeln, $^{3}/_{8}$ l Wasser, 3 bis 4 Esslöffel Essig, 1 Prise Pfeffer und etwas Salz, 1 Esslöffel Stärkemehl, Suppenwürze.

Man lässt das Wasser mit Essig, Brühwürfel und Gewürzen aufkochen und gießt das mit wenig Wasser angerührte Stärkemehl in die kochende Flüssigkeit. Diese mischt man unter die erkalteten Kartoffelscheiben und verfeinert das Ganze mit einer feingeschnittenen rohen Zwiebel, frischen Gartenkräutern oder auch feingewiegten Gewürzgurken.

Anmerkung:
Inzwischen ersetzt man das *Gmäch* (von machen!), wie man diese Stärkemehlsoße bei uns in Bayreuth nennt, gerne durch Mayonnaise, die aber fetter und weniger bekömmlich ist.

Kartofflsalot II

(Brüh-Kartoffelsalat)

Zutaten:
2 Pfund gekochte, möglichst speckige Kartoffeln, 3 bis 4 Esslöffel Öl, 3 bis 4 Esslöffel Essig, etwa $^{1}/_{4}$ l Fleischbrühe (oder Wasser mit Suppenwürze), 1 kleine Zwiebel, Salz und Pfeffer, etwas Zucker.

Die feingewiegte Zwiebel lässt man in dem Öl ganz leicht glasig dämpfen (nicht bräunen!), gießt Fleischbrühe mit Essig und sämtlichen Gewürzen dazu, lässt diese Flüssigkeit aufkochen und überbrüht damit die in Scheiben geschnittenen Kartoffeln. Gut durchmischen und zugedeckt 1 bis 2 Stunden warmstellen (evtl. in der Röhre).

Anmerkung:
Anstatt in Öl lässt man die Zwiebelwürfel auch gerne in gebräunten Speckwürfeln anlaufen.

Ärpflstampf oder Stampfer

(Kartoffelpüree)

Zutaten:
Etwa 8 Kartoffeln, Milch, Salz, Muskat.

Die gekochten Kartoffeln werden durchgedrückt oder gerieben und mit kochender Milch schaumig geschlagen (über Wasserdampf), bis ein steifer Brei entsteht. Diesen schmeckt man mit Salz und Muskat ab und verfeinert ihn nach Belieben mit einem Eigelb und einem nussgroßen Stich Butter. Der Kartoffelstampf wird auch gerne mit goldgelb gerösteten Semmelbröseln überschmelzt.

Der Ur-Bayreuther unterscheidet genau zwischen diesem *Ärpflstampf* und dem

Ärpflbrei

Zutaten:
Etwa 8 Kartoffeln, 30 bis 40 g Butter, 2 Esslöffel Mehl, Salz, Pfeffer, Majoran.

Die Kartoffeln zu Salzkartoffeln kochen und durch die Kartoffelpresse drücken. Aus dem Kochwasser, der Butter und dem Mehl eine helle Mehlschwitze bereiten – *a Einbrenn*, wie das in Bayreuth heißt – und mit den durchgedrückten Kartoffeln nochmals aufkochen. Um die gewünschte Konsistenz zu erhalten, gibt man evtl. noch etwas Milch zu und schmeckt mit den angegebenen Gewürzen gut ab.

Ärpflbrei und *Heffakung* war übrigens das Lieblingsessen eines Bayreuthers in seiner Kindheit, wie er mir erzählte. Er ließ es sich in dieser urtypischen Zusammenstellung an jedem Geburtstag von seiner Großmutter zubereiten.

Hier der dazugehörige

Heffakung

(einfacher Hefekuchen)

Zubereitung:
Aus 2 Pfund Mehl, ca. 40 g Hefe, Salz, Milch und etwa 3 Esslöffeln Zucker bereitet man einen geschmeidigen Hefeteig. Man lässt ihn am temperierten Ort um das Doppelte seiner Menge aufgehen, füllt ihn in eine mit Butter, Schweineschmalz oder anderem Fett gut ausgestrichene Pfanne und bäckt ihn im Rohr bei Mittelhitze aus.

Noch warm zum *Ärpflbrei* essen.

Fleischspeisen

Zwar behaupten viele Bayreuther: *„Ich wenn a guta Brie hob zu meina Kleeß – brauch ich gor ka Fleisch.* " Voraussetzung zu einer guten *Brie* aber ist ein saftiger Braten, wie zum Beispiel der

Schweinebrotn

Zutaten:
1 kg Schweinefleisch (vom Hals, Kamm, Bug oder Schlegel), Salz, Pfeffer, Majoran oder Rosmarin, evtl. etwas Knoblauch, 2 bis 3 mittelgroße Zwiebeln, 1 Stück Brotrinde, Wasser zum Zusetzen und Aufgießen.

Das gewaschene, sorgfältig abgetrocknete Fleisch wird zunächst mit den genannten Gewürzen eingerieben, und wenn möglich lässt man es über Nacht oder wenigstens 2 bis 3 Stunden durchziehen. Nun schiebt man den Braten mit der grobgehackten Zwiebel, der Brotrinde und so viel kochendem Wasser, dass der Boden der Bratpfanne knapp bedeckt ist, in die gut vorgeheizte Röhre. Vom Beginn des Bräunungsprozesses an gießt man gelegentlich kleine Mengen kochenden Wassers nach, bis die gewünschte Soßenmenge erreicht ist. In gut 2 Stunden ist der Schweinebraten normalerweise mürb und knusprig braun. Die Soße gießt man vor dem Anrichten durch einen Soßenseiher, lässt sie noch einmal kurz aufkochen und schmeckt mit den genannten Gewürzen, evtl. auch mit etwas Kümmel, kräftig ab.

Faustregel für alle Braten: Die Nachfüllflüssigkeit niemals über den Braten gießen, sondern immer seitlich am Fleisch vorbei; das häufige Beschöpfen mit dem entstandenen Fond ist ihm zuträglich, nicht aber das Begießen mit Wasser!

Gebrodna Rippla

(Rippenspeer)

Zutaten:
1 kg Rippenspeer (nicht zu verwechseln mit Kasseler!), Salz und Pfeffer, reichlich Kümmel und Majoran, 2 bis 3 grob geschnittene rohe Zwiebeln und ein Esslöffel Fett zum Anbraten.

Der gründlich gewaschene und gut abgetrocknete Rippenspeer wird mit Salz und Pfeffer eingerieben und in einem Tiegel in rauchheißem Fett auf der Herdplatte rundherum angebraten. Wenn er die gewünschte Bräune hat, streut man reichlich Kümmel darüber, gibt den Majoran und die Zwiebelwürfel dazu, gießt mit ca. $^{1}/_{2}$ l Wasser auf und lässt das Ganze zugedeckt in der gut vorgeheizten Röhre noch etwa 1 Stunde garen. Die entstandene Soße wird durchgeseiht, die Rippla werden auf einer Platte angerichtet und Klöße und Sauerkraut dazu serviert.

Beim Gedanken an diese Leibspeise läuft jedem Bayreuther das Wasser im Munde zusammen!

Sauerbrotn

Zutaten:
1 kg Rindfleisch, am besten vom Schlegel, $^{1}/_{4}$ Pfund Räucherspeck, Fett zum Anbraten.

Für die Beize: 1 große Zwiebel, 1 gelbe Rübe, Salz, Pfeffer, Sauerbratengewürz (etwas Zimt, 2 bis 3 Nelken, 1 bis 2 Lorbeerblätter, 4 bis 5 Wacholderbeeren, einige Senf- und Pfefferkörner), $^{1}/_{2}$ bis $^{3}/_{4}$ l mit Wasser verdünnter Essig.

Zur Soße: 1 *Soßkung* (Soßenlebkuchen), wenig Mehl, etwas Zucker und nach Geschmack ein Schuss Rotwein und 2 bis 3 Esslöffel saure Sahne.

Die Zutaten zur Beize werden in dem Essigwasser aufgekocht und nach dem Erkalten über das Fleisch gegossen. Frühestens nach 2 bis 3 Tagen nimmt man das Fleisch aus der Beize, trocknet es sorgfältig ab und brät es in rauchheißem Fett von allen Seiten kräftig an. Nun gibt man den Bauchspeck und den Soßenlebkuchen – es kann übrigens auch ein Stück harte Brotrinde sein – dazu, gießt mit der Beize an und lässt alles zusammen in der gut vorgeheizten Röhre zugedeckt $1^1/_2$ Stunden köcheln. Vor dem Anrichten dickt man die noch kochende Soße mit wenig kalt angerührtem Mehl etwas an, lässt sie auskochen und rundet mit Sahne und Rotwein ab.

Eine beliebte Abwandlung:

Saurer Schweinebrotn

(Bauerngeräuchertes auf Sauerbratenart)

Zutaten:
Etwa 750 g *Grachats* (Geräuchertes) oder gewöhnlicher Schweinebraten, Fett zum Anbraten, als Bratenzutaten 1 mittelgroße Zwiebel, 1 Teelöffel Sauerbratengewürz, Essig nach Geschmack, 1 l Flüssigkeit, 1 Soßenlebkuchen, Zuckereinbrenne aus 30 g Fett, 10 g Zucker, 40 g Mehl und $^1/_8$ l Flüssigkeit.

Fleisch waschen und gut abtrocknen, in heißem Fett auf allen Seiten anbraten, Bratenzutaten zugeben. Die heiße Flüssigkeit nach und nach seitlich aufgießen und $1^1/_2$ Stunden garen. Nun lässt man die 40 g Mehl in den 30 g Fett mit den 10 g Zucker schön dunkel bräunen und löscht diese Zuckereinbrenne mit knapp $^1/_8$ l kalter Flüssigkeit ab (Schneebesen benützen). Nach gründlichem Durchkochen gießt man die Einbrenne zu der übrigen Bratensoße und schmeckt sie kräftig süß-sauer ab.

Für die Beliebtheit dieses Gerichtes dürfte folgendes Bayreuther Mundartgedicht sprechen:

Der Eisenkupf

Ein Gedicht in Bayreuther Mundart vom Kaminkehrermeister Eisenhut aus dem ehemaligen „Graben" um das Jahr 1910.

Der Heina ißt fiers Leben gern an sauern Schweinebrotn.
Sei Fraa verstehts aa ausgazeingt, sei Glustn zu darotn!
Sie dut aweng an Lebkung hie, do werd die Brieh schee dickli,
Wie do der Heina schmatzn ko, er is ganz ieberglickli!

Amoll, do kummt er ausn Wold haam – mit an Mordsdrumm Hunga,
Obeißn kennt er gleich die Welt, als wie a Wolf, a gunga;
Und richtich! 's gibt sei Leibspeis heit, an grußn eisan Tiegl
vull Fleisch und Brieh und Kließ dazu – do kriecht da Heina Fliegl!

Und eh ma sichs versicht, is aa die ganza Wohr scho druntn,
Er hot halt aa an Mong dazu, an ausgapichtn, gsundn!
Er leckt und schleckt und bohrt sich no' bis nunda aufn Budn,
Sei Kupf der werd als wie a Krebs, im haaßn Wassa gsudn.

Etz, wie er oba rickwerts will, Herrgott, is des a Schreckn,
Etz bleibt er mit sein grußn Kupf im eisan Hofn steckn!
Er zerrt und zerrt, es nitzt na nix, der Tiegl dut kaan Rucka,
Der Heina fängt des Greina oo, er kriecht vor Angst an Schlucka.

Sei Fraa will helfn und zerrt oo und ziecht na naus in Gartn,
Der Nochbor ziecht und reißt na schier die Borschtn aus da Schwartn!
Allaa, die eisan Picklhaum, die sitzt wie festgemauert,
Der Heina fängt zu greina oo, daß an der orm Kerl dauert.

Sei Fraa kennt sich vor Jamma net, sie denkt, ihr Moo muß sterm.
Ach, wemma na den Hofn kennt zerschlong in lauta Scherm!
Ob des der Schmied net fertichbrächt? Halt, Heina, etz is gwunna!
Iech fohr diech auf da Rowern hie, do werd net lang mehr gsunna.

Und gsocht, gedoo, sie lädtn auf und fängt oo zu kutschiern.
Do, Masta Schmied, etz helft ma na, mein Moo sein Kupf kuriern!
Der kratzt si freili hintern Ohr, doch su a Nut bricht Eisn,
Denn wie der Heina schnauft und gront, des is zum Herzzerreißen!

Ezt lechta schnell sein Eisnkupf auf an klaan Amboß nieder,
Der Schmied holt mit sein Schlegel aus und – bumms – fährts durch die Glieder.
Ma maant, der Schädl is entzwaa, so flieng die Scherm und Splitter,
Wie wenn der Blitz schlächt in an Baam, im Summa, bei an Gwitter.

Doch, Gott sei Dank, wors bluß da Topf, den hots total zertriem.
Der Heina schnauft und prußt, jawoll, doch er is ganz gabliem.
„No", socht er, „des wor hechsta Zeit, die Aussicht wor fei lumpert!
iech wär fei bei an Hoor dastickt – und wie hot des gebumbert!

Maletta kriech iech nimma nei, in su an enga Tiegl
Wie semma do die Hoor verpicht, do brauch i doch an Striegl?!
Und wenn die Leit die Gschicht derfohrn, kommt noch da Schbott zum Schodn!
Gell, Fraa, du kochst mir scho auf Nocht – an sauern Schweinabrotn?!"

Wenn in Bayreuth eine Hausfrau im Metzgerladen Rindfleisch zum *sießn Brotn* verlangt, dann meint sie damit, dass sie daraus keinen Sauerbraten zubereiten will, sondern im Gegensatz dazu einen

Sießbrotn

(Rinderschmorbraten)

Zutaten:

750 g gut abgehangenes Rindfleisch, 30 g Speck, 1 Teelöffel Salz, 1 Prise Pfeffer, 1 Esslöffel Mehl, 1 Esslöffel Fett, 1 Zwiebel, 1 gelbe

Rübe, 1 Tomate, 1 Stückchen Schwarzbrot und nach Belieben $^1/_2$ Tasse süße Sahne.

Das gewaschene, gut getrocknete Fleisch wird leicht geklopft und mit keilförmig geschnittenen, etwa 2 cm langen Speckstreifen gespickt. Man reibt es mit Salz und Pfeffer kräftig ein, bestäubt es leicht mit Mehl und legt es in einer Kasserolle in das erhitzte Fett, gibt etwaige Speckreste dazu sowie die halbierte Zwiebel, die gelbe Rübe und Brotrinde und lässt alles schön braun braten. Sodann löscht man mit so viel Wasser oder Brühe ab, dass das Fleisch halb davon bedeckt ist, und lässt es gut zugedeckt unter öfterem Begießen 2 bis $2^1/_2$ Stunden dämpfen. Vor dem Anrichten wird die Soße durchgeseiht und mit dem Süßrahm verfeinert. Rohe oder gekochte Klöße schmecken besonders gut dazu.

Klöß und Fleisch (im schlimmsten Bayreuther Dialekt: *Kließafleisch!*) hat es sicher auch gegeben, als sich im engsten Umkreis von Bayreuth Folgendes zutrug:

Ein wegen seines Geizes verrufener Bauer saß, wie jeden Tag, mit Familie und Gesinde um den Mittagstisch und legte wieder einmal – wie es seine üble Gewohnheit war – nach hastigem Verzehr seiner Mahlzeit Messer und Gabel abrupt beiseite mit den Worten: „Ich bin satt – und selig ist, wer mit mir gesättigt ist." Da ertönte völlig unerwartet vom unteren Tischende her die Antwort eines Knechtes: „Und ich friss weiter – und wenn mich gleich der Deifl holt!"

In der „guten alten Zeit", als man in und um Bayreuth noch viel mehr Ziegen gehalten hat als heute – nicht zuletzt auch wegen der zweifellos sehr gesunden *Gaaßmilch* (Ziegenmilch) –, war das beliebteste und verbreitetste Osteressen *a Zickla und Kleeß*.

Aus einem alten Familienkochbuch das Rezept für diesen leider so selten gewordenen Osterbraten:

Zickla oder junger Geißbock

(für 8 bis 10 Personen)

Zutaten:
1 Zicklein, Salz, Pfeffer, 60 g Schweinefett, Semmelbrösel, 40 g Butter, 1 Zwiebel, 1 große, in Scheiben geschnittene gelbe Rübe.

Das Zicklein kauft man am besten im März oder April (spätestens im Mai) und achtet beim Einkauf darauf, ein 3 bis 4 Wochen altes, möglichst fleischiges Tier zu erhalten. Nachdem es abgezogen, ausgenommen und zerlegt ist, reibt man die einzelnen Stücke mit Salz und Pfeffer ein und brät sie zunächst in dem Schweinefett recht knusprig an. Dann gießt man das Fett ab, bestreut das Fleisch mit Semmelbrösel, gibt die Butter, die halbierte Zwiebel und die gelbe Rübe dazu und brät das Fleisch im gut vorgeheizten Backofen unter fleißigem Begießen in gut $1^1/_2$ Stunden fertig. Die entstandene Sauce wird leicht mit Mehl angedickt und nach Belieben mit Sahne verfeinert.

Beim Gedanken an dieses Bayreuther Osterfestessen kommen mir unwillkürlich auch die in *Zwifflscholn* (Zwiebelschale) gefärbten Ostereier in den Sinn.

Etwa Anfang Februar begann man in vielen Bayreuther Familien mit dem emsigen Sammeln aller im Haushalt anfallenden Zwiebelschalen. Bei der großen Beliebtheit der Zwiebel im Bayreuther Land waren es ihrer viele. Die Zwiebelschalen wurden ungewaschen in Blechdosen aufbewahrt und im Laufe der Karwoche (nicht etwa schon während der Passionszeit, wie das heute so üblich ist!) zum Eierfärben verwendet.

Dabei verfährt man folgendermaßen:

Unter Zusatz von etwas Essig (zur Farbintensivierung) und nur ganz knapp mit Wasser bedeckt, werden die kurz gewaschenen und abgetropften Zwiebelschalen etwa 30 bis 40 Minuten ausgekocht. Dann gibt man sie auf ein Sieb zum Abtropfen, fängt den dunkelbraunen Sud in einem Tiegel auf und kocht in diesem die gewünschte Anzahl von Ostereiern mindestens 6 bis 8 Minuten. (Wenn man die Eier vorher kurz in warmes Wasser legt, platzen sie beim Färben nicht so leicht!) Mit einem Suppen- oder Schaumlöffel nimmt man die Eier vorsichtig heraus und lässt sie auf einem Löschblatt gut abtrocknen. Bevor man sie in die Osternester aus selbstgesuchtem Moos (früher gab es gar keine anderen) verteilt, reibt man die braunen Ostereier mit einer Speckschwarte schön glänzend.

Auf die gleiche Weise hat man auch versucht, Ostereier in Brennnesseltee grün und in Rote-Rüben-Saft rot zu färben, wobei das Resultat aber nicht so befriedigend war wie bei den Zwiebeleiern. Diese erfreuen sich ja noch heute großer Beliebtheit.

Schtallhos

Zutaten:
Ein 3 bis 4 Pfund schwerer Stallhase, 3 mittelgroße Zwiebeln, 150 g Butter, Salz, Pfeffer, 4 bis 5 Wacholderbeeren, $^1/_8$ l süße Sahne, $^1/_2$ Bratenwürfel, ca. 1 l Flüssigkeit zum Aufgießen.

Den Hasen in nicht zu kleine Portionsstücke zerlegen und dabei das Hasenfett möglichst vollständig entfernen. Die einzelnen Stücke mit Salz und Pfeffer einreiben und in einer Bratpfanne von allen Seiten in Butter kräftig anbraten. Die in Würfel geschnittenen Zwiebeln zugeben, leicht mit anschwitzen und dann mit Flüssigkeit aufgießen. Die Wacholderbeeren und die Soßenwürze hinzugeben und $1^1/_2$ bis

2 Stunden in der Röhre garen lassen. Fleisch aus dem Bratensatz herausnehmen, nach Belieben mit etwas Bier überpinseln und in der Röhre warmstellen. Den Bratensatz durch ein Sieb gießen, nochmals kurz einkochen lassen und mit dem Süßrahm verfeinern.

Anmerkung:

Wenn man das Hasenfleisch vor der Zubereitung einige Tage in Buttermilch gelegt hat, wird es besonders mürb und schmeckt wie feinster Kalbsbraten.

Gänsbrotn

„A Gänsla brotn, des konn gwieß a jede, dies net selber iß!“

Und zwar folgendermaßen:

Zutaten:
1 bratfertige Gans (das Gansjung wird extra zubereitet), Salz und Pfeffer, 1 bis 2 Stängel Beifuß oder in Ermangelung dessen etwas Majoran, 1 große Zwiebel. Reichlich kochend heißes Wasser zur Bereitung der Soße, etwas Soßenwürze und ca. 10 g Stärkemehl.

Die Gans wird mit kaltem Wasser innen und außen gründlich gewaschen, wenn nötig kurz gewässert, sorgfältig abgetrocknet und innen und außen mit Salz und Pfeffer eingerieben. In die Bauchhöhle gibt man 1 bis 2 Büschel Beifuß oder als Ersatz etwas Majoran. Den so vorbereiteten Vogel legt man in eine reichlich große Bratpfanne, gibt 1 Tasse sehr heißes Wasser und die halbierte Zwiebel dazu und brät ihn in dem gut vorgeheizten Rohr licht-

---

Franzkung (Rezept auf Seite 15)
Serviettkloß mit Rindsrouladn (Rezepte auf Seiten 17 und 37)
Picklschtaaner (Rezept auf Seite 43)
Brodwärscht mit Sauerkraut (Rezept auf Seite 44)

braun. Das beim Bratvorgang reichlich austretende Fett gießt man immer wieder sorgfältig in ein Gefäß ab und ersetzt es durch Zugabe von etwas heißem Wasser. Die Garzeit beträgt je nach Größe und Alter der Gans etwa 3 bis 4 Stunden. Wenn man die Haut der Gans kurz vor dem Anrichten mit wenig konzentriertem Salzwasser besprengt, wird sie besonders rösch und knusprig. Die Soße gießt man vor dem Anrichten vorsichtig ab in einen Tiegel, lässt sie nach gründlichem Abfetten nochmals aufkochen und dickt sie dabei mit dem kalt angerührten Stärkemehl leicht an. *„Dann blebt sa besser on die Kleeß hänga ..."*

Das bei dem Bratvorgang gewonnene kostbare Gänsefett mischt man im Verhältnis 2:1 mit Schweinefett vom Metzger, kocht es mit Apfel- und Zwiebelscheiben 10 bis 15 Minuten aus, gießt es durch den Soßenseiher in ein *Schissala* und stellt es, nachdem es erstarrt ist, als Brotaufstrich auf den Abendbrottisch. *„A Gänsfettbrod mit aweng Salz und Pfeffer drauf und a Dassn Dee, wos Bessers gibts doch gor net! "*

Hervorragend geeignet ist das Gänsefett auch noch zur Zubereitung von Gemüsen.

A Gons und Kleeß mit gedämpftem Krautsalat oder Selleriesalat ist übrigens nach wie vor das klassische Weihnachtsessen der Bayreuther Familien am ersten Feiertag.

Am Mittag des Heiligen Abend gibt es meistens das dazugehörige *Gänsjung.*

Gänsjung

„Woraus es Gänsjung besteht? Des kon i dir song:
Des senn die Fliegl, der Kupf, die Fieß und der Krong
und die Leber natierlich, und noch der Mong! "

Weitere Zutaten:
1 große halbierte Zwiebel, 1 große gelbe Rübe, Saft und Schale einer Zitrone, 1 bis 2 Nelken, 2 bis 3 Lorbeerblätter, 40 g Butter und 2 Esslöffel Mehl.

Man gibt alle Gansjungteile mit dem Grünzeug knapp mit Wasser bedeckt auf den Herd und lässt alles langsam weich kochen. Währenddessen bereitet man aus Fett und Mehl eine helle Einbrenne, löscht diese mit dem Gansjungsud ab und lässt die weiße Buttersoße gründlich durchkochen. Vor dem Anrichten lässt man auch das Jung noch einmal aufkochen, schmeckt mit dem Zitronensaft ab und serviert mit Salzkartoffeln oder Reis.

Beliebte Abwandlung:

Gänsjung mit Schwarzer Brie

(Blutbrühe)

Die Zutaten sind die gleichen wie oben, zusätzlich etwas Zucker und etwa $^1/_4$ l Blut.

Man bereitet für die Blutsoße unter Zusatz von wenig Zucker eine gut dunkle Einbrenne, löscht sie mit dem Sud zu einer dunklen Soße ab, der man nach gutem Durchkochen das mit wenig Essig verrührte Blut zusetzt.

Anmerkung:
In früheren Zeiten gab es ja immer eine „echte" Bauerngans, deren Blut man auf Wunsch mitgeliefert bekam. Bei dem heute üblichen tiefgefrorenen Geflügel fällt dies bedauerlicherweise weg.

Rehbrotn

Ist er auch keine Alternative zum weihnachtlichen Gansbraten, so erfreut er sich doch wie alles Wildbret nicht zuletzt wegen seiner Fettarmut großer Beliebtheit.

Zutaten:
1 Rehrücken oder Schlegel, Salz und Pfeffer, *Spickerla* (Speckstreifen) zum Spicken.

Zur Beize: $^1/_4$ l schwaches Salzwasser, 2 gelbe Rüben, $^1/_2$ Sellerieknolle in Scheiben, Petersilienwurzel, 2 Zwiebeln, 5 bis 6 Pfefferkörner, einige Wacholderbeeren, 1 großes Lorbeerblatt, $^1/_8$ l Essig und $^1/_4$ l Rotwein.

Für die Soße: 1 Stück alte Brotrinde, gut $^1/_8$ l Sahne – halb süß, halb sauer.

Salzwasser mit dem grob zerkleinerten Gemüse und den Gewürzen 30 Minuten kochen lassen. Essig und Rotwein später dazugießen und nochmals kurz aufkochen. Wenn erkaltet, über den gewaschenen, abgetrockneten und enthäuteten Rehrücken gießen und das Ganze zugedeckt mindestens 2 Tage stehenlassen. Das Rehfleisch aus der Beize nehmen, gut abtrocknen, spicken, salzen und pfeffern und in heißer Butter von allen Seiten anbraten. Die Brotrinde mit anbraten und von der Beize zunächst $^1/_8$ l zugeben. Im gut aufgeheizten Rohr bei 220° weiterbraten, mit Bratfond fleißig beschöpfen und weiter mit Beize auffüllen. Vor dem Anrichten den Braten herausnehmen, den Bratenfond loskochen, die Soße durchseihen, nochmals abschmecken und mit der Sahne binden. Dazu gibt es gekochte Kartoffelklöße, Blaukraut und Preiselbeeren.

Krenfleisch

Zutaten:
1 $^1/_2$ Pfund Rindfleisch, 1 Stange Kren (Meerrettich), 1 Zwiebel, Salz, Pfeffer und Maggiwürze, 1 Apfel, etwas Schmalz zum Anbraten, für die Soße 1 bis 2 Esslöffel Semmelbrösel, $^1/_2$ Tasse süße Sahne und Wasser zum Zugießen.

Rindfleisch würzen und kurz auf allen Seiten anbraten, mit etwas kochendem Wasser aufgießen. Mit der kleingeschnittenen Zwiebel in der Röhre 2 Stunden braten, dabei nach und nach kochendes Wasser zugießen. Die Krenwurzel und den Apfel putzen und fein reiben (Meerrettichreiben übersteht man nur lebend am offenen Fenster oder in unmittelbarer Ofennähe!). Die Soße mit Maggiwürze, Salz und Pfeffer abschmecken, mit dem geriebenen Kren und dem Apfel aufkochen lassen. Je nach gewünschter Dicke noch mit Semmelbrösel binden und zuletzt mit der Sahne verfeinern. Dazu schmecken rohe Klöße, notfalls (!) auch Salzkartoffeln.

Abwandlung:
Wer die Krensoße nicht ganz so „bissig" haben will, bereitet sie auf folgende Weise zu: Aus 30 bis 40 g Butter und einem gehäuften Esslöffel Mehl bereitet man eine Mehlschwitze, die man mit ungefähr $^{1}/_{2}$ l der Fleischbrühe aufgießt und gut durchkochen lässt. Dann fügt man teelöffelweise den rohen, geriebenen Meerrettich zu, bis die Krensoße, die nun nicht mehr kochen darf, die gewünschte Schärfe hat. Man schmeckt noch mit ein wenig beliebiger Suppenwürze ab und fügt evtl. etwas Süßrahm hinzu.

Falscha Lendn

(Falsche Lende)

Zutaten:
750 g Ochsenfleisch (Schwanzstück), $^{1}/_{2}$ l Milch, reichlich Suppengrün, Salz, 40 g Fett, 30 g Mehl.

Das Fleisch wird gewaschen, gesalzen und in der Milch mit dem *Grienzeich* weichgekocht (auf kleiner Flamme in gut zwei Stunden). Man stellt das Fleisch in der Röhre warm und bereitet aus Fett, Mehl und dem entstandenen Bratfond eine goldgelbe Einbrenne. (Sollte die Kochflüssigkeit nicht ganz ausreichend und die gewünschte Soße noch etwas zu dick sein, gießt man ein wenig Fleischbrühe bzw. Wasser mit Soßenwürze dazu – aber nicht zu viel!)

Das Rindfleisch in gleich große Scheiben schneiden und die Soße getrennt dazu servieren.

Schmeckt ausgezeichnet zu Salzkartoffeln, Kartoffelbrei oder Semmelkloß.

Rindsrouladn

Zutaten:
5 bis 6 Rouladenschnitzel (aus dem Schlegel geschnitten), Senf, Salz, Pfeffer, 2 bis 3 Zwiebeln, ca 60 bis 80 g Speck, Petersilie, nach Belieben 1 hartgekochtes Ei, 1 bis 2 Esslöffel Mehl, $^1/_2$ Tasse Sauerrahm, 1 Esslöffel Bratfett und Wasser oder Fleischbrühe zum Aufgießen.

Speck, Zwiebeln und Petersilie treibt man am besten durch den Fleischwolf oder wiegt alles auf einem Brett sehr fein, gibt nach Belieben das kleingeschnittene harte Ei dazu und bestreicht damit die inzwischen leicht geklopften und dünn mit Senf bestrichenen Schnitzel. Man rollt sie sorgfältig auf und umwickelt sie mit Bindfaden, damit beim Bratvorgang möglichst wenig von der Fülle austreten kann. Nun würzt man sie leicht mit Salz und Pfeffer, wendet sie in Mehl und brät sie rundherum gleichmäßig braun an. Nach Belieben gibt man noch ein Stück Brotrinde dazu und gießt mit so viel Wasser oder Brühe auf, dass man die gewünschte Soßenmenge erhält. Nun lässt man alles zugedeckt noch 1 bis $1^1/_2$ Stunden dämpfen, ob auf der Herdplatte oder in der Röhre, das bleibt jedem selbst überlassen. Vor dem Anrichten wird die Rouladensoße mit dem Rahm abgezogen.

Weitere Möglichkeit: Sowohl die obigen Rindsrouladen als vor allem auch „Kalbsvögel" (Kalbsrouladen) können statt mit der angegebenen Fülle mit jeweils 1 bis 2 Scheiben Schweizer oder Scheibletten-Käse gefüllt werden. Dabei entsteht mühelos eine schmackhafte, durch den Käse leicht gebundene Soße.

Zu diesem feinen Gericht schmecken *Bauchschtächala* oder Reis besser als Klöße!

Fränkischer Krautsbrotn

Zutaten:
1 bis 2 Pfund Weißkraut, $1^1/_2$ Pfund Hackfleisch, $^1/_2$ Pfund gewürfeltes Schweinefleisch, 4 Siedwürste, 2 bis 3 gehackte Zwiebeln, 2 bis 3 Esslöffel Schweineschmalz, 1 bis 2 Esslöffel Kümmel, Majoran oder Rosmarin nach Geschmack, Salz, Pfeffer, 2 bis 3 altbackene, in etwas Milch eingeweichte Semmeln, nach Bedarf Räucherspeckscheiben.

Vom Krautskopf die äußeren Blätter entfernen, das Kraut waschen, vierteln, in Salzwasser dämpfen und mit dem Wiegemesser sehr fein hacken oder durch den Fleischwolf drehen. Inzwischen die Zwiebeln mit den Schweinefleischwürfeln in Schweineschmalz anbraten, dann mit dem Hackfleisch, den aus der Haut gedrückten Siedwürsten, dem Kraut, den eingeweichten Semmeln und den übrigen Geschmackszutaten mischen und kräftig mit Majoran, Rosmarin und Pfeffer abschmecken. Den Fleischteig in eine mit Schweineschmalz gut eingefettete längliche Bratpfanne geben und nach Möglichkeit noch mit etwas Bauchspeckscheiben abdecken. Bei guter Hitze in der Röhre anbraten und bei Mittelhitze etwa $^3/_4$ bis 1 Stunde weiterbraten, dabei den Teig ab und zu durchrühren und mit dem Schmalz übergießen, damit alles gleichmäßig bräunt. Man isst Salzkartoffeln und Preiselbeeren dazu.

Eigmachte Preiselbeern

Zutaten:
7 Pfund Preiselbeeren, $2^1/_2$ Pfund Zucker, $^1/_2$ l Wasser oder Wein, nach Belieben etwas Essig, 5 g Zimt.

Die Beeren werden verlesen und gewaschen. Der Zucker wird mit Wein oder ebenso viel Wasser und etwas Essig geläutert, die Beeren hineingeschüttet und unter Abschäumen gekocht, bis sie durchsichtig und hellrot aussehen. Nachdem man die Beeren herausgenommen hat, kocht man den Saft noch etwas ein, gießt ihn wieder an die Beeren, die man bis zum Erkalten häufig in dem Gefäß schüttelt, bis sie sich wieder mit Saft füllen. Nun füllt man die Preiselbeeren in ein Glas oder einen Steintopf, bedeckt sie mit Rumpapier und bindet den Topf nach vollständigem Erkalten zu.

Vor Gebrauch nimmt man die jeweils benötigte Menge mit einem Silberlöffel heraus und verflüssigt die Preiselbeeren vor dem Anrichten mit Wasser, Wein oder Sahne.

Anmerkung:
Will man Preiselbeeren nicht als Kompottbeilage, sondern zum Nachtisch servieren, hebt man pro Person ein sehr steifgeschlagenes Eiweiß und einen Teelöffel Zitronensaft unter und garniert diesen „Preiselbeerschaum" mit etwas Schlagsahne.

Fleischkiechla oder Fleischküchle

(Deutsches Beefsteak)

Zutaten:
1 Pfund gemischtes Hackfleisch, 2 altbackene Brötchen, wenig kochendes Wasser, nach Belieben etwas Mehl oder Haferflocken, 2 Eier, etwa 50 g Speck, Salz, Pfeffer, Muskat, Majoran oder Rosmarin, Petersilie, nach Geschmack etwas Salbei und 1 Teelöffel Tomatenmark.

Zum Ausbacken beliebiges Fett, Semmelbrösel und $^1/_8$ l Knochenbrühe oder Wasser mit Suppenwürfel.

Man gibt die in wenig kochend heißem Wasser eingeweichten, leicht ausgedrückten Brötchen sowie den feinwürfelig geschnittenen Speck, die Eier und sämtliche angeführten Gewürze zum Fleisch, formt runde Küchlein, wendet diese in Semmelmehl und bäckt sie in der Stielpfanne in heißem Fett beidseitig knusprig braun. In der zugegossenen Flüssigkeit lässt man sie noch zugedeckt etwa $^1/_4$ Stunde dämpfen. Die kurze Soße kann man vor dem Anrichten nach Belieben noch mit Joghurt oder Sauerrahm verfeinern.

Eigmachts Kalbfleisch

(Kalbfleischragout)

Zutaten:
2 Pfund Kalbfleisch von der Brust, 50 g Butter, 50 g Mehl, 1 kleine Zwiebel, Salz, Pfeffer, Lorbeerblatt, 1 Nelke, Sauerrahm, Ei, Weißwein.

Man schneidet das Kalbfleisch in handgroße Stücke und überbrüht diese mit so viel kochendem Wasser, dass sie knapp davon bedeckt sind.

Man lässt das Fleisch einige Minuten ziehen und dann auf einem Sieb gut abtropfen. (Abtropfwasser aufheben!) Inzwischen lässt man die Butter heiß werden, dämpft die abgetropften Fleischstücke darin, bis sie trocken sind, streut das Mehl darüber und löscht mit dem Brühwasser ab. Nun gibt man die mit der Nelke gespickte Zwiebel und alle anderen Gewürze hinzu und kocht das Fleisch zugedeckt langsam – in ca. 1 bis $1^1/_2$ Stunden – weich.

Vor dem Anrichten entfernt man Lorbeerblatt und Zwiebel und zieht die Soße mit Eigelb, Sauerrahm und Weißwein ab.
Schmeckt sehr gut zu Reis, Salzkartoffeln oder Nudeln.

Krautwickl

(Krautrouladen)

Zutaten:
Fleischküchleteig wie oben, die großen Blätter eines Weißkraut- oder Wirsingkopfes, Kochwasser, Bratfett, einige dünne Speckscheiben, $^1/_8$ l Sauerrahm.

Die großen Blätter eines Weißkraut- oder Wirsingkopfes löst man vorsichtig ab, wäscht sie kurz und dämpft sie im Abtropfwasser unter Zugabe von etwas Salz halb weich. Man lässt sie gut abtropfen (Kochsud auffangen), legt jeweils 2 oder 3 von ihnen ineinander und füllt sie mit dem Fleischteig. Mit einem Bindfaden wickelt man die Krautrouladen fest zusammen und schichtet sie nebeneinander in eine gut gefettete Bratpfanne. Man legt auf jeden Krautwickel einen länglichen Speckstreifen und lässt sie in gut vorgeheizter Röhre in 60 bis 70 Minuten knusprig braun braten. Gegen Ende der Garzeit gießt man ein wenig von dem Krautsud zu und bindet vor dem Anrichten diese entstandene Soße mit dem Sauerrahm.

Dazu schmecken Salzkartoffeln oder *a Stampfer* (siehe Seite 21).

Kalbskrees

(Kalbsgekröse)

(Rezept wörtlich aus einem alten fränkischen Familienkochbuch wiedergegeben)

... wenn es vom Metzger sauber geputzt ist, nimmt man es in eine Schüssel, reibt es stark mit einer Hand voll Salz, dass das Schleimige davon kommt, wäscht es durch drei bis vier warme Wasser, schneidet die Drüsen rein aus und siedet es im Salzwasser weich.

Dann röste einen kleinen Kochlöffel voll Mehl in einem Stückchen Butter leicht gelb, dämpfe etwas geschnittene Zwiebeln und Petersilie darin, thue einen Schöpflöffel voll Fleischbrühe, etwas Zitronenschale und -saft sowie wenig Muskat muss daran. Wenn das Gekröse weich ist, so lege es in kaltes Wasser, drücke es fest aus, schneide es in kleine Stücke, lasse es mit der Sauce aufkochen und ziehe diese vor dem Anrichten mit ein bis zwei Eigelb ab.

Anmerkung hinter vorgehaltener Hand: Manche essen's leidenschaftlich gern ... *(mich komma joong!)*

Saura Nierla

(Saure Nieren)

Zutaten:
500 bis 750 g Rinder- oder Schweinenieren, 1 mittelgroße Zwiebel, etwas Fett, etwa 1 Teel. Mehl, Zitronensaft oder Essig, nach Belieben etwas Rotwein.

Die gewässerten Nieren sorgfältig abtrocknen, die Fettgefäße entfernen und die Nieren in kleine Scheiben schneiden. Die sehr feingeschnittene Zwiebel in beliebigem Fett glasig dünsten (nicht bräunen!), die Nieren dazugeben und in 10 bis 12 Minuten gar dünsten, mit Mehl überstäuben und mit so viel Wasser aufgießen, dass eine dickliche Soße entsteht.

Das Gericht mit Zitronensaft oder Essig abschmecken, leicht salzen und pfeffern und eventuell mit *ann Schpruz* (mit einem Schuss) Rotwein verfeinern.

Anmerkung: Salz erst ganz zum Schluss zufügen, da die *Nierla* sonst hart werden!

Zu *Saura Nierla* isst man bei uns am liebsten *grösta Kartoffl.*

Pfundstopf

Zutaten:
1 Pfund Schweinegulasch, 1 Pfund Rindergulasch, 1 Pfund Paprikaschoten in Streifen, 1 Pfund Bauchfleisch, 1 Pfund Zwiebeln in Scheiben, 1 Pfund tiefgefrorene oder frische Champignons, 600 ml Fleisch- oder Gemüsebrühe (Würfel), 1 Flasche Tomatenketchup.

Zubereitung:
Alles in einen großen Kochtopf geben, gut vermengen und bei 170 bis 175 Grad $1^1/_2$ bis 2 Stunden garen und abschmecken. Häufig umrühren!

Picklschtaaner

(Pichelsteiner)

Zutaten:
Je 250 g Kalbs-, Rind-, Schweine- und nach Belieben auch Hammel- oder Lammfleisch, 1 großer Markknochen, 1 Esslöffel Schweine- oder Gänsefett, 1 Zwiebel, je 150 bis 200 g gelbe Rüben, Lauch, Weißkraut, Wirsing, Bohnen und evtl. einige frische oder getrocknete Pilze, etwas Petersilie, etwa 1 Pfund Kartoffeln und knapp 1 Tasse Wasser, etwas Suppenwürze.

Der Markknochen und das in gleich große Würfel geschnittene Fleisch werden mit der kleingeschnittenen Zwiebel in dem Fett 15 bis 20 Minuten vorgedämpft. Dann gibt man das zerkleinerte, geputzte und gewaschene Gemüse dazu, übergießt das Ganze mit der Tasse Wasser und etwas Suppenwürze und lässt es bei milder Hitze in gut schließendem Topf zunächst etwa 20 Minuten dämpfen. Nun gibt man die inzwischen geschälten und in dünne Scheiben geschnittenen Kartoffeln obenauf, würzt mit etwas Salz und Pfeffer und lässt den Eintopf bei milder Hitze 40 bis 50 Minuten gar dämpfen. Vor dem Anrichten bestreut man den Pichelsteiner mit Petersilie oder anderen frischen Küchenkräutern. Bei seiner Zubereitung sind übrigens der hausfraulichen Fantasie keine Grenzen gesetzt. Man kann ihn je nach Jahreszeit immer wieder mit anderen Gemüsen zubereiten. Nach Ansicht der Bayreuther wird er, ebenso wie Sauerkraut und Sauerbraten, bei jedem erneuten Aufwärmen besser.

Brodwärscht und Sauerkraut

(ein „Lebenselixier" für den Bayreuther!)

Bratwürste:

„Da die Würste beim Braten gern aufspringen, so ist es gut, wenn man sie vorher im lauen Wasser ans Feuer bringt. Wenn sie in die Höhe steigen, gibt man sie in die Pfanne in heiße Butter, bis sie auf beiden Seiten eine schöne Farbe haben. Dann nimmt man sie heraus, lässt die heiße Butter mit etwas Knochenbrühe oder wenig Wasser aufkochen und gibt diese braune Soße über die Würste." (Aus einem alten Kochbuch.)

Heute bevorzugt man natürlich die Bratwürste vom Holzkohlengrill.

Sauerkraut

Zutaten:

750 bis 1000 g Fass- oder Dosenkraut, 1 großer Apfel, etwas Suppenwürze, Salz und Pfeffer, etwas Zucker, 1 Esslöffel Mehl, 1 bis 2 große Zwiebeln, 80 bis 100 g Räucherspeck, reichlich Wasser zum Zusetzen, nach Belieben Kümmel und Majoran.

Das Sauerkraut wird nur dann gewaschen, wenn es als zu salzig oder zu sauer empfunden wird; je nachdem ist auch das Salz wegzulassen. Man setzt es mit sehr reichlich Kochwasser - es muss gut davon bedeckt sein, weil es viel ansaugt -, dem Zucker, dem Pfeffer, etwas Suppenwürze und dem in feine Würfel geschnittenen Apfel zum Kochen auf. Inzwischen lässt man den in Würfel geschnittenen Speck hellgelb andünsten, gibt die in feine Würfel geschnittene Zwiebel dazu und röstet beides miteinander goldbraun an. Das in einer guten Stunde Garzeit weichgekochte Kraut überstäubt man nun mit dem Mehl, gießt etwas Wasser zu und lässt es nochmals kurz durchkochen. Nun fügt man das Speck-Zwiebel-Gemisch hinzu und lässt das Sauerkraut tunlichst nicht mehr kochen. Nach Belieben mit Kümmel und Majoran, der Bayreuther „Stammwürze", abschmecken.

Auch zu Schweinshaxen, heißem Leberkäs oder Siedwürsten erfreut sich Sauerkraut in Bayreuth größter Beliebtheit und ist aus dem Küchenzettel nicht wegzudenken. Man isst Schalen- oder Röstkartoffeln dazu oder einfach *a Laabla* oder *a Weckla* (rundes oder längliches Brötchen).

Saura Brodwärscht

(mittelfränkisch: Blaue Zipfel)

Zutaten:
5 bis 6 Paar rohe Bratwürste oder Wiener, etwa $^3/_4$ l gesalzenes Wasser, 1 Schuss Essig, 1 Teelöffel Zucker, 3 bis 4 in Ringe geschnittene Zwiebeln, 2 bis 3 Lorbeerblätter, 4 bis 5 Wacholderbeeren, etwas Zitronenschale, einige Senf- und Pfefferkörner. Alle Zutaten kocht man 10 bis 15 Minuten zu einem kräftigen Sud, in dem man die in lauwarmem Wasser gewaschenen Bratwürste oder Wiener zugedeckt bei schwacher Hitze ca. 15 bis 20 Minuten ziehen lässt. Sie dürfen nicht platzen! Pellkartoffeln, Salzkartoffeln oder *an Stampfer* dazu.

Linsnsuppm mit Wienerla

(Eintopfgericht)

Zutaten:
200 g Linsen, 1 kleine Zwiebel, Wasser, Salz, Pfeffer, 1 Essl. Fett, 2 Essl. Mehl, 1 Essl. Essig, $1^1/_2$ l Wasser (nach Belieben eine kleine Knoblauchzehe).

Die verlesenen und gewaschenen Linsen werden über Nacht eingeweicht, anderentags aufgestellt und zum Kochen gebracht. Beim ersten Aufwallen schüttet man das erste Wasser ab, gießt $1^1/_2$ l heißes Wasser daran und kocht die Linsen ohne Zugabe von Salz gut weich.

Aus Fett, Mehl, feingewiegter Zwiebel (oder Knoblauchzehe) bereitet man eine hellbraune Mehlschwitze, gießt mit Linsenbrühe auf, gibt die durch ein grobes Sieb gestrichenen Linsen hinzu, würzt mit Salz, Pfeffer und Essig nach Geschmack und lässt die dicke Linsensuppe noch kurz autkochen. (Vorsicht, brennt leicht an!)

Etwa 10 Minuten vor dein Anrichten gibt man die *Wienerla* (Wiener Würstchen – *Bareitherla* gibt's leider nicht!) dazu.

Gemüse

Sauerkrautauflauf

Zutaten:
500 g Sauerkraut, 500 g Kartoffeln, 2 Eier, $^1/_8$ l saure Sahne, Salz, Pfeffer, gemahlener Kümmel, 100 g Emmentaler Käse.

Eine Auflaufform gut ausfetten und die Hälfte des Sauerkrautes hineinschichten. Kartoffeln waschen, dünn schälen, in feine Scheiben schneiden und auf dem Sauerkraut gleichmäßig verteilen. Das restliche Sauerkraut darauflegen. Eier mit saurer Sahne und den Gewürzen verquirlen und darübergießen. Den Käse reiben und über den Auflauf streuen. Zunächst im aufgeheizten Backrohr bei 220 Grad zugedeckt 30 Minuten backen, dann den Deckel entfernen und nochmals 10 bis 15 Minuten gratinieren. Blut- und Leberwürste dazu!

Schlappkraut

(Weinkraut)

Zutaten:
1 beliebig großer Kopf Weißkraut, *a Krautshardla*, 1 bis 2 Esslöffel Gänse- oder beliebiges Fett, Salz, Pfeffer, Zucker, Kümmel und Maggiwürze, Kochwasser, 20 bis 30 g Stärkemehl, 1 bis 2 Zwiebeln und $^1/_8$ l Weißwein.

Der Krautkopf wird geviertelt, vom Strunk befreit und so fein wie möglich geschnitten oder gehobelt. Nach gründlichem Waschen gibt man ihn mit dem Tropfwasser in das erhitzte Fett und gießt, wenn nötig, noch etwas heißes Wasser dazu. Man lässt das Kraut mit Salz, Pfeffer, Zucker, Kümmel und Suppenwürze mindestens 60 bis 70 Minuten weichdämpfen (bis es „schlapp" ist). Dann bindet man es mit dem kalt angerührten Stärkemehl, lässt es noch etwas köcheln und gibt zuletzt die goldgelb gerösteten Zwiebelwürfel und den Weißwein dazu.

Dazu schmeckt *Franzkung* oder Salzkartoffeln und Fleischküchle.

Schwarzwurzeln

(falscher Spargel)

Zutaten:
2 Pfund Schwarzwurzeln, 40 g Butter, 60 g Mehl, Gemüse- oder Fleischbrühe, 1 Eigelb, etwas Rahm, Muskat und Salz.

Die Schwarzwurzeln werden geschabt, in Streifen geschnitten und rasch mit kaltem Wasser abgespült. Man kocht sie in wenig Salzwasser weich, gibt sie in die aus Butter, Mehl und Kochbrühe bereitete Soße, gibt Rahm und Eigelb dazu und würzt mit Salz und Muskat.

„Schwarzworzl" schmecken besonders gut zu *„Fleischkiechla"* (siehe Seite 39).

Krautnudln

Zutaten:
Etwa 3 Pfund Weißkraut, 125 bis 150 g durchwachsener Speck, $^3/_4$ Pfund Nudeln (Hörnchen oder Bandnudeln), 2 bis 3 Zwiebeln, 50 g Fett, Salz, Pfeffer und Paprika.

In einem reichlich großen Tiegel lässt man die Speck- und Zwiebelwürfel in dem Fett glasig dämpfen, gibt das feingeschnittene und gewaschene Kraut dazu, würzt mit Pfeffer, Salz und Paprika und lässt es gut weich werden. Inzwischen kocht man die Nudeln in Salzwasser ab, lässt sie gut abtropfen und mischt sie kräftig mit dem fertigen Kraut. Nochmals gut würzen und das Ganze als preiswertes Eintopfgericht auf den Tisch bringen.

Blaukraut

Zutaten:
1 beliebig großer Kopf Blaukraut, 1 bis 2 Esslöffel Butterschmalz oder Gänsefett, 1 bis 2 Zwiebeln, 1 bis 2 Äpfel, Salz, Pfeffer, Zucker und Essig nach Geschmack, 1 Esslöffel Mehl, etwas Suppenwürze und ca. $^1/_8$ l Rotwein.

Man lässt die feingeschnittene Zwiebel mit dem würfelig geschnittenen Apfel in dem Fett glasig dämpfen, gibt das feingeschnittene und gewaschene Kraut mit sämtlichen Gewürzen – außer Rotwein – dazu und lässt es auf kleiner Flamme gut weich dämpfen. Dann stäubt man mit ca. 1 Esslöffel Mehl auf, gießt zunächst noch ein wenig Wasser und nach gründlichem Durchkochen noch etwa $^1/_8$ bis $^1/_4$ l Rotwein zu.

So ein Blaukraut darf zu keinem Wildbret fehlen, schmeckt aber auch hervorragend zu Sauerbraten oder Rouladen.

Schlauchgmies
(Lauchgemüse)

Zutaten:
6 Stangen Lauch, 60 g Butter, 50 g Mehl, Salz, Pfeffer, Fleischbrühe oder Wasser, Suppenwürze, etwas Muskat. Nach Belieben etwas süße Sahne.

Man entfernt von den Lauchstangen die dunkelgrünen Enden, schneidet das Gelbe in feine Ringe und dämpft diese unter Zugabe von etwas Brühe in dem Fett weich. Dann stäubt man sie mit Mehl auf oder gibt dieses kalt angerührt dazu, lässt alles gut durchkochen und würzt mit Salz, Pfeffer und Muskat. Nach Belieben verfeinert man mit der süßen Sahne.

Fleischküchle oder Hackbraten und Salzkartoffeln dazu.

Brennnesslschpinot

(Brennnesselspinat)

Zutaten:
Reichlich junge Brennnesseln (sie fallen beim Kochen sehr zusammen und geben wenig aus!), etwas Salzwasser, 50 bis 60 g Schweinefett oder Butter, 1 feingeschnittene Zwiebel, Mehl zum Binden, Flüssigkeit zum Aufgießen (halb Milch, halb Wasser, Knochen- oder Fleischbrühe), etwas ungeschlagene Sahne, Salz, Pfeffer, Muskat.

Die *mit Händschich grissna* (mit Handschuhen gepflückten) jungen Brennnesseln gründlich waschen und in wenig Salzwasser weichdämpfen. Das Kochwasser in diesem Fall weggießen (bei „normalem" Spinat wird es verwendet) und die gründlich abgetropften Brennnesseln fein wiegen oder durch den Fleischwolf drehen. Die Zwiebelwürfel in dem heißen Fett glasig dünsten, den *Schpinot* noch kurz mitdünsten, mit etwas Mehl überstäuben und mit so viel Flüssigkeit aufgießen, dass die gewünschte Konsistenz entsteht. Mit Salz, Pfeffer, Muskat und evtl. etwas Suppenwürze kräftig abschmecken und mit einem „Klecks" Sahne zu Kartoffeln servieren.

Überbackna Blummakohl

Zutaten:
1 Blumenkohlkopf, Kochwasser, 40 g Butter, 40 g Mehl, $^1/_4$ l Milch, $^1/_4$ l Blumenkohlsud, 1 feingeschnittene Zwiebel, 150 g Schinken- oder Wurstreste, Salz, Muskat, 3 Esslöffel geriebener Käse.

Den Blumenkohlkopf dämpft man in Salzwasser unter Zugabe von einem Schuss Milch nur so weich, dass er nicht zerfällt. Der verwiegte Schinken und die feingeschnittene Zwiebel werden in der

Butter angedämpft, das Mehl leicht mitgedämpft und mit dem Blumenkohlsud und der Milch aufgegossen. Diese Béchamelsoße, die nicht zu dünnflüssig sein darf, lässt man gut durchkochen, würzt sie mit Salz und Muskat und zieht sie nach Belieben noch mit einem Eigelb ab. Den abgetropften Blumenkohlkopf setzt man in eine gefettete Auflaufform, gießt die Béchamelsoße darüber und streut den Reibkäse obenauf. Nun schiebt man den Blumenkohl in die vorgeheizte Röhre und gratiniert ihn bei guter Oberhitze, bis der Käse eine goldbraune Kruste gebildet hat. Nach Belieben kann man diesen Auflauf vor dem Anrichten mit dem Saft einer Zitrone beträufeln.

Salzkartoffeln oder Reis dazu.

Gelba-Rumm-Eintopf

(Gelbe-Rüben-Eintopf)

Zutaten:

1 Pfund gelbe Rüben, 1 Pfund Zwiebeln, 1 Pfund Schweinebauch, 1 Pfund Kartoffeln, 50 g Fett, Salz, Pfeffer, Petersilie, etwas Wasser oder Brühe.

Die grob geschnittenen Zwiebeln und den in Würfel geschnittenen Schweinebauch dämpft man in dem Fett 15 bis 20 Minuten an. Man würzt leicht mit Salz und Pfeffer und gibt die sauber geputzten, gewaschenen und in Stifte geschnittenen gelben Rüben und ca. $^1/_2$ Tasse Wasser oder Brühe dazu. Die geschälten, in dünne Scheiben geschnittenen Kartoffeln kommen als Abdeckschicht obenauf, werden ebenfalls leicht gesalzen und gepfeffert, und nun wird das Ganze in gutschließendem Gefäß ca. 1 Stunde gegart. Vor dem Anrichten gut durchmischen, evtl. mit etwas Würze abschmecken und mit reichlich Petersilie überstreuen.

Weiß Kartofflgmies

Zutaten:
Etwa 2 Pfund am Vortag gekochte Kartoffeln, 40 g Butter, 40 g Mehl, $^1/_4$ l Milch, $^1/_4$ l Fleischbrühe oder Wasser mit Suppenwürze, feingeschnittene Zwiebel, Salz, Pfeffer, Majoran oder frische *Pedderla* (Petersilie).

Man lässt das Mehl in der Butter anschwitzen, gibt etwas rohe Zwiebel dazu und gießt mit der Flüssigkeit auf. Diese Buttersoße lässt man gründlich durchkochen und gibt dann die geschälten, in feine Scheiben geschnittenen Kartoffeln dazu. Man würzt mit Salz, Pfeffer, Majoran oder Petersilie und isst häufig und gern Fleischküchle und *Kärbas* zu diesem Kartoffelgemüse.

Bohnapfiffer

Zutaten:
Gut 1 Pfund grüne Bohnen, etwas Bohnenkraut, Salzwasser, 1 Esslöffel Butter oder Schmalz, 6 Eier, 3 Esslöffel Milch oder Wasser, Pfeffer und Salz.

Die geputzten, feingeschnittenen und sorgfältig gewaschenen Bohnen werden in dem Salzwasser unter Zugabe von etwas Bohnenkraut weich gedämpft. Man lässt sie abtropfen, schwenkt sie in der heißen Butter und gießt die mit Milch oder Wasser verquirlten und mit Salz und Pfeffer gewürzten Eier darüber. Bei milder Hitze die Eier stocken lassen und das Bohnengericht sofort servieren.

Nach Belieben Salz- oder Röstkartoffeln dazu.

Namenserklärung: Dieses beliebte Gericht heißt deshalb *Bohnapfiffer*, weil man bei uns auch die *Pfiffer* (Pilze), vor allen Dingen die in unseren Wäldern häufig vorkommenden *Gelberle* (Pfifferlinge), gerne auf die gleiche Weise zubereitet.

Kärbas

(eingemachter Kürbis)

Zutaten:
5 bis 6 Pfund Kürbis, $1^1/_2$ l Wasser, $^1/_2$ l gewöhnlicher Essig.

Zum Sud:
1 l Weinessig, $^1/_2$ l Wasser, $1^1/_2$ bis 2 Pfund Zucker, etwa 10 g Stangenzirnt, 4 bis 5 g Nelken, etwas Zitronenschale, nach Belieben einige Ingwerstückchen.

Der vorbereitete, in gleich große Würfel geschnittene Kürbis wird portionsweise nacheinander in dem Essigwasser halbweich gekocht und zum Abtropfen auf ein Sieb gegeben. Inzwischen lässt man Wasser, Weinessig, Zucker und sämtliche Gewürzzutaten aufkochen, gibt die abgetropften Kürbiswürfel portionsweise hinein und lässt sie fertig garen. Wenn sie butterweich sind, legt man sie in einen Steintopf, lässt den abgegossenen Sud noch etwas dicker einkochen und übergießt sie damit. Nach dem Erkalten wird der Topf mit einem Rumpapier gut zugebunden.

Sauers oder brauns Kartofflgmies

Zutaten:
Etwa 1 kg gekochte Kartoffeln, 40 g Fett, 60 g Mehl, etwas Zucker, 1 kleine Zwiebel, 1 bis 2 Nelken, 2 Lorbeerblätter, Zitronenschale, etwas Essig, Wasser mit beliebiger Suppenwürze (z. B. gekörnte Brühe aus dem Reformhaus) oder Fleischbrühe zum Aufgießen.

Aus Fett, Mehl und wenig Zucker macht man ein dunkles *Röstich* (Einbrenne), gibt die feingeschnittene Zwiebel dazu und löscht mit der Flüssigkeit – statt Wasser oder Fleischbrühe kann man auch den Sud von eingelegten Gewürzgurken verwenden – ab. Die Flüssigkeit langsam und in kleinen Mengen zugießen und mit dem Schneebesen kräftig dabei rühren, damit keine Klümpchen entstehen. Man lässt nun diese dunkelbraune Soße bei schwacher Hitze etwa 10 Minuten gut durchkochen und hebt dann die am Vortag oder frisch gekochten und in dünne Scheiben geschnittenen Kartoffeln vorsichtig unter. Sie müssen in der Soße noch etwas ziehen, sollen dabei aber nicht zerfallen. Die Zugabe von 1 bis 2 Teelöffeln Senf macht das saure Kartoffelgemüse, von dem man behauptet, dass es einen „verrenkten" Magen wieder in Ordnung brächte, noch pikanter.

Hobbl-Bobbl

(nicht übersetzbar!)

Zutaten:

Etwa 6 gekochte Kartoffeln, 250 bis 300 g Leber- oder Blutpresssack, 1 bis 2 Zwiebeln, Salz, Pfeffer, Majoran, 2 bis 3 mit Joghurt oder mit Sauerrahm verquirlte Eier, Fett zum Ausbacken.

In einer Stielpfanne brät man den in Würfel geschnittenen Presssack mit der grobgeschnittenen Zwiebel in reichlich beliebigem Fett kräftig an, gibt die in Scheiben geschnittenen Kartoffeln dazu, bestreut sie mit Salz, Pfeffer und Majoran und röstet sie etwa 6 bis 8 Minuten mit. Dann gießt man die verquirlten Eier dazu und lässt sie bei milder Hitze stocken. Nach Belieben streut man etwas Paprikapulver darüber und serviert Endivien- oder einen anderen Blattsalat dazu. Ein beliebtes Winterabendessen!

Salate

Krautsalot

Zutaten:
1 Weißkrautkopf, 1 Teelöffel Kümmel, 100 g durchwachsener Speck in Würfeln, 5 Esslöffel Essig, Salz und schwarzer Pfeffer, etwas Zucker.

Weißkraut vom Strunk befreien, sehr fein schneiden oder hobeln, waschen und unter Zusatz von Kümmel glasig kochen. Während das Kraut abtropft, lässt man die Speckwürfel goldbraun aus, gießt den Essig dazu, würzt mit Pfeffer, Salz und Zucker und gießt das Ganze über das Kraut. Gut durchmischen und unter dem Druck eines schweren Kochtopfdeckels möglichst lange ziehen lassen!

Rota-Rumm-Salot

(Rote-Rüben-Salat)

Zutaten:
Beliebig viele rote Rüben, Zwiebel, Salz, Pfeffer, Zucker, Essig und Öl, etwas Anis.

Die roten Rüben werden gründlich abgebürstet und in wenig Wasser weich gekocht, geschält, in Scheiben geschnitten und mit allen übrigen Zutaten sowie einem Teil des Kochsuds gründlich vermischt. Der Salat muss gut durchziehen und hält sich mehrere Tage.

Sellerie-Gelba-Rumm-Salot

Zutaten:
1 große Knolle Sellerie, 1 Pfund gelbe Rüben, leicht gesalzenes Kochwasser, 1 kleine Zwiebel, 1 Prise Zucker, 1 Prise Pfeffer, 3 bis 4 Esslöffel Essig, 5 Esslöffel Öl.

Der geschälte und in grobe Stücke geschnittene Sellerie wird mit den sauber geputzten und gewaschenen gelben Rüben so lange in dem Salzwasser gekocht, bis beide Gemüsearten weich sind. Nun bereitet man aus der feingeschnittenen Zwiebel, sämtlichen übrigen Zutaten sowie etwas Kochsud eine Salatsoße, schneidet den Sellerie und die gelben Rüben in etwa gleich große Scheiben und gießt die Soße dazu. Gut durchmischen, nochmals würzen und ziehen lassen.

Eine beliebte Abwandlung:
Statt mit obiger Salatsoße macht man das Gemüse mit einer Marinade aus Mayonnaise und Joghurt an, würzt mit Salz, Pfeffer und Zucker und fügt 1 bis 2 feingewiegte Gewürzgurken und nach Bedarf einen „Sprutz" von dem Gurkensud hinzu.

Roa Sauerkrautsalot

(Sauerkraut-Rohkost)

Zutaten:
1 Pfund Sauerkraut, eine große Zwiebel, eine mittelgroße gelbe Rübe, 1 Apfel, eine Gewürzgurke, 2 bis 3 Essl. Sonnenblumenöl, etwa $^1/_2$ Tasse Wasser, etwas Suppenwürze, evtl. etwas Zucker.

Das Sauerkraut kurz mit kaltem Wasser überbrausen, abtropfen lassen und kurzfaserig schneiden (wichtig!). Den in kleine Würfel geschnittenen Apfel, die feingewiegte Gurke und die ebenfalls kleingewürfelte gelbe Rübe sofort unter das Kraut mischen (bevor die Apfelwürfel braun werden).

Die sehr feingeschnittene Zwiebel in dem Öl glasig dünsten, das Wasser mit der Suppenwürze (gekörnte Brühe) und der Prise Zucker dazugeben, einmal aufkochen lassen und über das Kraut gießen, dieses zugedeckt einige Stunden durchziehen lassen.

Diese Sauerkraut-Rohkost hält sich mehrere Tage, und einige Gabeln davon sind eine gesunde, ballaststoffreiche Vorspeise.

Rewinzala

(Rapunzel- oder Feldsalat)

Zutaten:
Etwa 200 g *Rewinzala*, Essig oder Zitronensaft, reichlich Öl, Salz, Pfeffer, Zucker nach Geschmack, eine kleine, feingewiegte Zwiebel.

Der Feldsalat wird wie jeder Freilandsalat dreimal gründlich gewaschen und muss gut abtropfen. Inzwischen mischt man in einer reichlich großen Schüssel alle Zutaten zur Marinade, gibt den abgetropften Salat hinein und mischt ihn mit den Händen (und viel Gefühl!) vorsichtig unter.

Blattsalat muss mit den Händen angemacht werden – er braucht die Körperwärme zur vollen Geschmacksentfaltung!

Worschtsalot

(Wurstsalat)

Zutaten:
Etwa 500 bis 600 g Fleischwurst, 2 Zwiebeln, 4 Gewürzgurken, je 5 Esslöffel Öl und Essig, Salz, Pfeffer, 4 Esslöffel Wasser, 2 hartgekochte Eier und 1 bis 2 Teelöffel Senf.

Die gehäutete Fleischwurst, die Eier und die Gurken in Scheiben schneiden und mit den Zwiebelringen oder -würfeln gut vermengen. Aus allen übrigen Zutaten eine Soße rühren, über den Salat gießen und kühlstellen.

Mit Pellkartoffeln oder Bratkartoffeln und einem Glas Bier ein herrliches Abendessen!

Schniedling-Salot

(Schnittlauch-Salat)

Zutaten:
5 bis 6 hartgekochte Eier, etwa 2 Essl. Schnittlauchröllchen, 2 bis 3 Essl. Salatöl (Sonnenblumen- oder Weizenkeimöl), $1^1/_2$ Essl. Obstessig, Salz und Pfeffer, etwas Zucker.

Die Eier in Würfel schneiden und mit dem *Schniedling* vermischen. Öl, Essig, Salz, Pfeffer und Zucker gut miteinander verrühren und über die Schnittlaucheier gießen. Vorsichtig unterheben und zu Suppenfleisch und Salzkartoffeln servieren.

Rindfleischsalot

Zutaten:
750 g Suppenfleisch, 1 bis 2 Zwiebeln, 3 hartgekochte Eier, ca. 4 Esslöffel Essig, 5 Esslöffel Öl, Pfeffer und Salz. Nach Belieben $^1/_2$ Tasse von der Rindfleischbrühe.

Das gut weichgekochte Rindfleisch, die Zwiebeln und die Eier in Würfel schneiden, mit Salz und Pfeffer überstreuen und mit Essig und Öl marinieren. Will man diesen Rindfleischsalat nicht zu Brot, sondern zu Pellkartoffeln servieren, gibt man noch etwas von der Rindfleischbouillon dazu.

Obstsalot

Zutaten:
2 bis 3 Äpfel, 3 Bananen, 2 Orangen, 2 Mandarinen, je 1 kleine Dose Aprikosen, Ananas und Pfirsiche, Saft einer Zitrone, nach Belieben 1 Schuss Arrak oder Rum, evtl. etwas Schlagsahne.

Während die Dosenfrüchte auf einem Sieb gründlich abtropfen, dämpft man zwei von den Äpfeln ganz kurz in wenig Zuckerwasser, sie dürfen nicht zerfallen. In diese heiße Apfelmasse schneidet man zunächst den rohen Apfel, dann sämtliche anderen Früchte hinein. Man mischt vorsichtig mit einem Salatbesteck, gibt den Zitronensaft dazu und schmeckt bis zum gewünschten Süßigkeitsgrad, evtl. auch mit etwas Vanillezucker, ab. Nach Belieben einen Schuss Arrak oder Rum dazu und mit oder ohne Schlagrahrn servieren.

Der Obstsalat, den man ebenso wie Pichelsteiner je nach Jahreszeit variieren kann – im Sommer mit Frischfrüchten oder Beeren, ist eigentlich die beliebteste *Nochschbeiß* in Bayreuth.
„... den brengt ma immer nuch nei ...!"

Eine beliebte Weihnachtsspeise, vor allem in der Adventszeit, ist der

Brodäpfl

(Bratäpfel)

Zutaten:
Pro Person 1 großer Apfel, Kandiszucker, etwas Butter, Rum, Mandelsplitter.

Die Äpfel waschen, mit einem Apfelstecher sorgfältig aushöhlen – sie dürfen dabei nicht zerfallen! –, in eine gut ausgefettete feuerfeste Form stellen, mit Kandiszucker füllen, mit Rum übergießen und mit Butterflocken und Mandelsplittern bestreuen. Bei guter Mittelhitze garen und mit einer nach Vorschrift zubereiteten Vanillesoße, unter welche man nach Belieben 2 steifgeschlagene Eiweiße ziehen kann, servieren.

Als Krönung und Abschluss eines Festessens gibt es einen

Kaffee-Igl

Zutaten:

120 g frische Butter, 100 g Puderzucker, 3 Eidotter, 3 Essl. heißer, sehr starker Bohnenkaffee, einige Schokoladen-Mokkabohnen oder Sultaninen, 10 Löffelbiskuits, einige Mandeln (evtl. doppelte Portionen nehmen).

Die Butter mit Zucker und Eidotter gut schaumig rühren und den warmen, starken Kaffee (Mokka) tropfenweise unterziehen. Eine kleine Menge von dieser Creme auf ein Plättchen streichen und 4 Löffelbisquits dicht nebeneinander darauflegen; diese wiederum mit der Masse bestreichen und mit 3 Biskuits belegen, nun wieder Creme, 2 Biskuits, nochmals Creme und darauf ein Biskuit. Mit der restlichen Creme alles schön igelförmig glattstreichen und kalt stellen. Inzwischen die gebrühten, abgezogenen, stiftelig geschnittenen Mandeln auf einem mit Zucker bestreuten Backblech leicht rösten und – wenn erkaltet – den Igel damit spicken.

Aus Mokkabohnen oder Sultaninen bekommt er Schwänzchen und Augen und lässt sich – gut durchgekühlt – in dünnen Scheiben als Nachspeise oder auch zu Kaffee oder Wein verzehren.

So ein *Igl* ist eine *Schleckerei*, von der jeder Bareither *Gnusch* (von *gnüschig* – einer, der sehr wählerisch ist und längst nicht alles mag) begeistert schwärmt.

Suppen

A teira Suppm

Die „Kunst" wollt Richard Wagner in Bareith
Zum „Allgemeingut" machn fir die Leit;
Die oba hamm die Kunst zum Handwerk gmacht
Und schröpfn ihra Gäst bei Tooch und Nacht!

Sobald die „Goldfisch" schwärma wie die Bien
Aus London, Petersburg, Frankfurt, Berlin,
Chicago, Yokohama und Paris,
Kriecht ganz Bareith es Zappln – des is gwieß!

Do hänga dann aus jedn zweitn Haus
Die Zettl: „Zimmer zu vermieten" raus.
Zehn Mark es Bett – des is fei nett za vill,
Wenma im Festspillhaus dabeisaa will!

Die Ochsen, Kälber, Hühner, Taubn und Gäns,
Wos eßbar is – bis auf die Heringsschwänz –,
Und überhaupt a jeda Kaufmannswoar
Kost etzt es Doppelt – und es Dreifach goar!

Aa die Bauern draußn in Kunnerschrath
Schlong auf die Milch, die Butter, aufs Getrad'
Es Schmolz, die Eier – korz: auf jedes Ding ...
Des alles macht der Nibelunga-Ring!

Gleich neban Theoter zu an „Restorateur"
Bringt a Bäuerla Frieh-Erdäpfl her
Nett mehr wie 20 oda 25 Pfund.
Die Ärpfl senn richtig, mehlig, zeitig, xund.

Oba – für des Körbla voll – fünf Mark?
Des is fei doch a bissla goar zu stark!
Der Bauer oba läßt kann Pfenning noch,
Er kriecht sei Geld aa – des is goar ka Frooch!

Dafür möcht er sein Kundn aa beehrn
Und in da Wertschaft irgendwos verzehrn.
An Teller Suppm am End – zum Zeitvertreib,
Der kost' nett vill – und is wos Worms im Leib!

Krautwickl (Rezept auf Seite 41)
Kärbas (Rezept auf Seite 53)
Worschtsalot (Rezept auf Seite 59)
Brodäpfl (Rezept auf Seite 61)

„... Der kost' nett vill?" No, Heiner, wart a weng,
Dir werd dei Hosn und dei Moong za eng;
Wenn's dann ons Zohln geht, Heiner, da paß auf ...
Auf dei fünf Mark – legst nuch a halba drauf!

Fünf Mark und fuchzig Pfenng – do hilft ka Fluchn,
Ka Schimpfn, Handeln und ka Schutzmohsuchn;
Denn in die Suppm, do is neikocht gwest
Was Roarsch): „A indianisch Vugelnest!"*

Wer Leckerbissn will, der muß aa zohln.
Ma soll na Teifl an die Wänd nett mohln;
Wie ma in Wald neischreit, hallts' widda raus,
Und an Bareitha schmiert ka Bauer aus!

Samuel Bach

A weng a Sippla isst der Bayreuther gerne vor einer Mehlspeise oder einer Fischmahlzeit *(sunst hod ma ja net sott)* oder an Herbst- und Winterabenden vor seinem *Worscht- oda Keesbrod.*

Dabei ist und bleibt die Königin der Suppen die

Schnitzlassuppm oder Ärpflschnitz

(Kartoffelsuppe)

Zutaten:
1 Pfund Schweinekleinfleisch, $^1/_2$ Pfund gelbe Rüben, 1 bis 2 Stängel Lauch, 1 Sellerieknolle, 6 bis 8 Kartoffeln, 1 gehäufter Teelöffel Kümmel, 1 gehäufter Teelöffel Majoran, Suppenwürze, Petersilie, Maggikraut, evtl. ein paar getrocknete Pilze, Salz und Pfeffer.

*) Etwas Rares

Das Kleinfleisch waschen, in etwa 2 l Wasser 1 Stunde kochen und bei Flüssigkeitsverlust nachgießen. Brühe durchsieben, Fleisch von den Knochen lösen und wieder zur Brühe zurückgeben. Das inzwischen geschnitzelte Gemüse mit allen anderen Gewürzzutaten in der Fleischbrühe zum Kochen bringen. Nach etwa 10 Minuten die in Scheiben geschnittenen Kartoffeln hinzufügen und alles weiterkochen lassen, bis die Kartoffeln weich sind. Mit Suppenwürze sowie Salz und Pfeffer abschmecken und die feingehackte Petersilie unterrühren.

Variationsmöglichkeiten:
Man lässt das Kleinfleisch weg, stellt das Gemüse nur mit Wasser auf (was der Bayreuther schlicht *a Wassersuppm* nennt) und überschmelzt sie dafür vor dem Anrichten mit 1 bis 2 Esslöffeln leicht gebräuntem Fett.

Oder: Um einen höheren Sättigungsgrad zu erlangen, macht man aus 20 g Mehl und 30 g Fett unter Aufgießen des Suppensudes *a Einbrenn*, lässt sie einige Minuten gut durchkochen und überschmelzt in diesem Falle die Suppe vor dem Anrichten mit goldgelb gerösteten Zwiebelwürfeln (siehe Anmerkung).

Wohl mehr aus gesundheitlichen als aus geschmacklichen Gründen überstreut man die *Ärpflschnitz* im Sommer gerne mit frischen feingewiegten Brennnesselblättern.

Anmerkung: *A grösts Zwiffala* an Suppen, Soßen oder dergleichen musste in früheren Zeiten voll und ganz die heute so üblichen mannigfaltigen Suppen- und Soßenwürzen ersetzen. Zum Glück hat es sich bis heute nicht aus der Bayreuther Küche verdrängen lassen. Um die Mittags- oder Abendessenszeit duftet es aus so manchem Hausflur nach wie vor verlockend und anheimelnd nach gerösteter Zwiebel, gemäß dem Wahlspruch:
„A Zwiffala verderbt nix – und wenns nohn Kaffee is!“

Brodsuppm

(Brotsuppe)

Zutaten:

Etwa 300 g altbackenes Schwarzbrot, ca. $1^1/_2$ l Wasser mit Suppenwürze oder Schlachtbrühe vom Metzger, 1 bis 2 große Zwiebeln, 20 bis 30 g Butter oder Schweinefett, Pfeffer, Salz, Majoran.

Die Zwiebeln in Ringe schneiden und in dem Fett goldgelb rösten, mit der kochenden Brühe aufgießen, mit Salz, Pfeffer und Majoran abschmecken und das Ganze über die in eine Terrine geschichteten, dünn geschnittenen Brotscheiben gießen. Sofort servieren!

Eine beliebte Abwandlung:

Haussuppm

Zutaten:

Wie zur Brotsuppe und zusätzlich 1 bis 2 Stängel Lauch, 1 große gelbe Rübe, $^1/_2$ Sellerieknolle, etwas Kümmel.

Das geputzte, zerkleinerte und gewaschene *Grienzeich* mit dem Kümmel im Wasser garen. Mit Salz, Pfeffer, Suppenwürze und nach Belieben Majoran abschmecken und über die in wenig Wasser vorgeweichten Brotschnitten gießen. Mit gerösteten Zwiebelwürfeln überschmelzen.

In früheren Zeiten, als die Arbeitswoche nicht schon am Freitag endete, fand in Bayreuth am Samstag der gründliche Hausputz statt, und die geplagte Familienmutter musste meistens dazu noch den sonntäglichen Hefekuchen backen und auch noch Hof oder Gehsteig kehren. So gab es in vielen Bayreuther Häusern aus Arbeitsersparnis und wohl auch aus finanziellen Gründen am Samstagmittag nur eine einfache Suppe.

Eine solche dampfte auch auf dem Mittagstisch, um den die Familie versammelt war, als die Mutter die Hände faltete zu dem Tischgebet: „Komm, Herr Jesus, sei unser Gast ..." und der Jüngste sie zaghaft am Ärmel zupfte mit der schüchternen Frage: *„Maanst, Mama, do dazu kemmana eilodn?"*

Das nachfolgende Rezept wurde mir schriftlich in Mundart zugeschickt und stellt eine Art „Reifeprüfung" für meine Leserinnen dar. Wer es übersetzen kann und wem diese bekannte und beliebte Suppe auch noch gelingt, der hat bestanden und darf sich als „Fast-Bayreuther" bezeichnen.

Griema Gerschtn

Du nimmst an Topf, tust a Rindfleischbrie oda a Wassa mittaran Wärfala nei und lässt as awäng kochn. A wall nimmst a poor Hämpfala Mehl innera Schissl, tusta Pfötla Salz no und a poor Eier. Etzt krempflst die Ärml ninter und rebbst den Daach zwischa die Händ und merblst na, dass Wärschtla entschtenga, die lässt in die kochada Brie neirinna, tust Pedderla hie, schmeckst ab und lässt nuch a poor Minutn kochn. In die Suppmschissl schietn – und glei auftrong.

Zu Deutsch:

Geriebene Gerstensuppe

Zutaten:
200 g Mehl, 1 Ei, $^{1}/_{2}$ Esslöffel Wasser, etwas Salz (etwas Muskatnuss und Schnittlauch zum Anrichten).

Zunächst mischt man die genannten Teigzutaten auf einem Nudelbrett mit einem Messer gut zusammen, bis der Teig so fest ist, dass man ihn mit einer Hand kneten kann. Nun arbeitet man ihn recht gut durch und knetet so viel Mehl dazu, das man immer neu aufs Brett streut, wie der Teig noch aufnehmen kann. Dann reibt man diese Teigmasse auf dem Reibeisen, streut das Geriebene auf dem Brett aus und lässt es trocknen, bevor man es in die siedende Suppe gibt. Nachdem „die Gerste" $^{1}/_{2}$ Stunde gekocht hat, richtet man die Suppe an und gibt etwas geriebene Muskatnuss und, so man hat, eine Hand voll (a Hampfl) feingeschnittenen Schnittlauch *(Schniedling)* darüber.

Grösta Grießsuppm

(Geröstete Grießsuppe)

Zutaten:
20 g Butter, 2 gehäufte Esslöffel Grieß, $^{3}/_{4}$ l Wasser, etwas beliebige Suppenwürze, Salz, Pfeffer, 1 Ei.

Den Grieß in der Butter goldgelb rösten, mit dem kalten Wasser aufgießen und etwa 15 Minuten durchkochen lassen. Mit Salz, Pfeffer und der Suppenwürze abschmecken, mit dem in wenig Wasser verschlagenen Ei legieren und je nach Geschmack mit Schnittlauch, Petersilie oder Majoran bestreut servieren.

Sauerampfersuppm

(Sauerampfersuppe)

Zutaten:
Reichlich Sauerampfer, etwas Butter, Salz, Mehl zum Binden, 1 bis 2 Essl. Sauerrahm, 1 Ei.

Der gewaschene, abgetropfte und feingewiegte Sauerampfer wird in die heiße Butter gegeben, mit wenig Salz weich gedämpft, mit Mehl überstäubt und mit der gewünschten Flüssigkeitsmenge (halb Milch, halb Wasser) aufgegossen. Kurz durchkochen lassen und vor dem Anrichten mit Sauerrahm und dem mit Milch verrührten Ei abziehen.

Sagosuppm

(Sagosuppe)

Zutaten:
6 Essl. Sago, $1^1/_2$ l Fleisch- oder Knochenbrühe, Schnittlauch oder Muskat, 1 Ei oder etwas Rahm.

Der Sago wird verlesen, in die kochende Brühe eingerührt und so lange gekocht, bis die Körner glasig aussehen (etwa $1^1/_2$ Std.). Nun zieht man die Suppe mit dem gut *verkläppertn* Ei oder mit etwas Rahm ab und würzt mit Schnittlauch, Salz und Pfeffer oder einem „Strich" Muskat.

Anmerkung: Diese dereinst bei uns in Bayreuth sehr beliebte Suppe – leider ist sie fast gänzlich in Vergessenheit geraten, obwohl es Sago noch immer zu kaufen gibt – nannten wir als Kinder ihres Aussehens wegen *Froschlaichsuppm*.

Tomatnsuppm

(Tomatensuppe)

Zutaten:
1 bis $1^1/_2$ Pfund Tomaten, 1 kleine Zwiebel, 40 g Butter, 60 bis 80 g Mehl, Fleischbrühe oder Wasser mit Suppenwürze, etwas Sauer- oder Süßrahm, 1 Prise Zucker.

Man schneidet die gewaschenen Tomaten in Stücke und dämpft sie in etwas Wasser gut weich. Unterdessen bereitet man aus Butter und Mehl eine helle Einbrenne, der man die feingewürfelte Zwiebel zusetzt und diese noch kurz mitdämpft. Die durch ein Sieb gestrichenen Tomaten werden zu der Mehlschwitze gegeben und das Ganze mit Wasser, Knochen- oder Fleischbrühe aufgegossen, bis die Supppe die gewünschte Konsistenz hat. Gut durchkochen lassen und mit Rahm verfeinern.

Zu dieser Tomatensuppe stellen wir ein Schälchen von *Kleesbröckala* (geröstete Weißbrotwürfel) als Suppeneinlage auf den Tisch! ... Des weckt an Totn auf.

Suppmhenna mit selbergmachta Nudln

(Suppenhuhn)

Zutaten:
1 Suppenhuhn (frisch oder tiefgefroren), Grünzeug wie gelbe Rübe, Sellerieknolle, Petersilienwurzel, Petersilienstängel, etwa $1^1/_2$ l Wasser, 1 Zwiebel, 3 Pfefferkörner, Salz und Suppenwürze.

Das frische oder gut aufgetaute Huhn gründlich waschen; inzwischen Wasser mit Grünzeug und der feingeschnittenen, leicht angebräunten Zwiebel, Salz, Würze und dem Petersilienstängel zum Kochen bringen. Das Huhn einlegen und langsam weichköcheln (lange Garzeit!). Das gut weiche Huhn zerlegen, Knochen und evtl. auch die Haut entfernen und in mundgerechten Stücken in die Brühe zurücklegen.

Selbergmachta Nudln

Zutaten:
300 g Mehl, 3 Eier, ca. 1 bis 2 Esslöffel Wasser, Salz.

Man siebt das Mehl auf ein Brett, macht eine Vertiefung in die Mitte, schlägt die Eier hinein und knetet unter Zugabe von Wasser und Salz einen geschmeidigen Teig. Man arbeitet ihn gut durch, wirft ihn mehrmals auf die Tischplatte, teilt ihn in 3 Stücke und wellt jedes von ihnen zu einem großen, dünnen Fladen aus. Diese *Nudelfleck*, wie sie bei uns heißen, müssen einige Stunden im warmen Raum trocknen. Dann rollt man sie zusammen – sie dürfen nicht zu trocken werden, sonst brechen sie beim Zusammenrollen – und schneidet sie zu fadendünnen Suppennudeln. Beliebig viel davon kocht man in der fertigen Hühnerbrühe weich, bestreut die Suppe mit frischem Schnittlauch und bringt sie zu Tisch.

Die restlichen Suppennudeln lassen sich in einer Blechdose gut einige Zeit aufbewahren.

In diese gehaltvolle Suppe, die man in gleicher Weise auch gern mit Rindfleisch zubereitet – man verwendet dazu etwa 1 kg hohe Rippe oder 1 bis 2 Beinscheiben –, gibt man bei einem Bayreuther Familienfestessen noch zusätzlich:

Leberkleeßla

(Leberknödel)

Zutaten:
Zirka 200 g geschabte Kalbs- oder Rindsleber, 1 Ei, 1 feingewiegte Zwiebel, Salz und Pfeffer, gehackte Petersilie, etwas Zitronenschale und Majoran, 30 bis 40 g Butter, 6 bis 8 Esslöffel Semmelbrösel.

Man rührt die Butter schaumig, gibt das Ei und sämtliche Gewürze dazu und vermischt alles gut mit der Leber. Nun hebt man die mit ganz wenig Milch leicht angefeuchteten Semmelbrösel unter, formt kleine runde Klöße und lässt sie in der kochenden Suppe 15 bis 20 Minuten gar ziehen. Sollte der Teig zu weich sein, gibt man entweder etwas Mehl dazu oder formt mit einem nassen Löffel Nocken daraus.

Die selbstgemachten Nudeln kocht man in diesem Falle in einem Extratopf in Salzwasser weich, lässt sie gut abtropfen und gibt sie erst kurz vor dem Anrichten zu der Leberklößchensuppe.

Mehl- und Eierspeisen

Nicht nur am Karfreitag, sondern auch an jedem gewöhnlichen Freitag zieht man in vielen Bayreuther Familien *a Mehlschbeiß* oder ein Fischgericht einer Fleischmahlzeit vor.

Mehlkung

(Mehlauflauf)

Zutaten:
1 Seidle ($^1/_2$ Liter) Mehl, $^3/_4$ l Milch, 6 Eier, 1 Prise Salz, Ausbackfett.

Aus Mehl, Milch, Eigelb und Salz schlägt man einen luftigen Teig, zieht den steifen Eischnee vorsichtig unter und gießt die Masse in eine Bratpfanne mit heißem Butterschmalz. Man lässt den Auflauf bei Mittelhitze 45 bis 50 Minuten backen und isst Apfelmus oder *Hutzl* dazu.

Hutzl

Strengbirn und *Sießbirn*, sie werden im Herbst im Kachel- oder Backofen langsam getrocknet und dann im Winter jeweils unter Zusatz von etwas Zucker und Zitronenschale, knapp mit Wasser bedeckt, zu Kompott aufgekocht.

Ein großes Kompliment für eine Bayreutherin reiferen Alters:
„Aus ana schenn Bern werd a a scheena Hutzl!"

Genau wie Birnen hat man früher auch erntefrische Äpfel geschält und, in Ringe oder Spalten geschnitten, im Ofen getrocknet. Diese *Äpflschbägla* wurden den Kindern zum Schulbrot in die Taschen gestopft und dienten den ganzen Tag über als eine Art Kaugummi. Sie waren fast genauso zäh, aber sicher wesentlich gesünder!

Haferflocknkiechla

(Kriegsrezept [einst] jetzt für Vegetarier geeignet)

Zutaten:
200 g Haferflocken, $^1/_2$ l Milch. Salz, 1 Ei, Weckmehl, ca. 30 g Butter, Zwiebel, Petersilie, Fett zum Ausbacken.

Die Haferflocken werden mit der Milch weich und dick gekocht, wenn erkaltet, gibt man die fein verwiegte Zwiebel und Petersilie *(Peterla)*, Salz und Ei daran und zum Schluss so viel Weckmehl *(Semmelbröselа)*, dass man aus der Masse Küchlein formen und diese in heißem Fett (Öl oder Butterschmalz) in der Pfanne ausbacken kann.

Eine geeignete Beilage zu Gemüse jeder Art.

Mehlklees

Zutaten:
1 Pfund Mehl, ca. $^1/_2$ l Wasser (lauwarm), 3 altbackene Brötchen, 30 g Butter oder Butterschmalz zum Rösten derselben, 3 Eier und etwa 50 g Butter zum Übergießen. Salz nach Geschmack.

Man rührt das Mehl zuerst mit dem lauwarmen Wasser an, gibt die Eier und evtl. Salz dazu und schlägt diesen Teig, der wie ein dicker Spatzenteig sein muss, gut ab.

Nun gibt man die in Würfel geschnittenen, goldgelb gerösteten Brotwürfel dazu, legt mit 2 Esslöffeln Klöße in siedendes Salzwasser und kocht diese zugedeckt $^1/_4$ Stunde. Beim Anrichten schneidet man sie in der Mitte durch, legt sie auf eine vorgewärmte Platte und übergießt sie mit der gebräunten Butter.

Schmeckt hervorragend zu Schlappkraut oder Gurkensalat.

Heffaschnittn

(Hefeschnitten, Kriegsrezept)

Zutaten:
$^1/_2$ Pfund Mehl, $^1/_2$ Pfund am Vortag gekochte Kartoffeln, $^1/_4$ l lauwarme Milch, 15 g Hefe, 1 bis 2 Eier, 1 Teelöffel Salz, 3 Esslöffel Zucker, etwas Zitronenschale, 60 g Rosinen, Ausbackfett.

Aus Mehl, Hefe und etwas lauwarmer Milch macht man einen Vorteig und lässt ihn 20 bis 30 Minuten gehen. Dann vermischt man ihn mit den geriebenen oder durch die Presse gedrückten Kartoffeln und allen übrigen Zutaten und lässt ihn nochmals zugedeckt an einem warmen Ort etwa $^1/_2$ Stunde gehen. Nun sticht man mit einem Esslöffel kleine Teigportionen ab und setzt sie in eine Stielpfanne mit erhitztem Fett. Bei mäßiger Hitze bäckt man die Küchlein beidseitig goldgelb aus und bringt sie mit Schwarzbeerkompott auf den Tisch.

Schwarzbeerkompott

(Heidelbeeren)

Die selbstgepflückten(!) Schwarzbeeren werden sauber verlesen, kurz gewaschen und mit knapp der gleichen Zuckermenge sowie etwas Stangenzimt zugedeckt weich gekocht. Nach Belieben kann man etwas Rotwein dazugeben.

Äpflstrudl

Zutaten:
300 g Mehl, 1 Messerspitze Salz, 2 Eier, 30 bis 40 g Butter oder 3 bis 4 Esslöffel Öl, etwa $^1/_2$ Tasse lauwarmes Wasser.
Zur Fülle: 3 Pfund Äpfel, 60 g Rosinen, Sultaninen oder Korinthen, 50 g abgezogene, gehackte Mandeln, etwas Butter, Zucker und Zimt.
Zum Backen: $^1/_2$ l Milch, 50 g Zucker, 25 g Butter.

In das erwärmte Mehl gibt man die zerschnittene Butter beziehungsweise das Öl, die Eier, Salz und so viel lauwarmes Wasser, dass ein zarter Teig entsteht. Diesen knetet man tüchtig durch und lässt ihn zugedeckt etwa 1 Stunde ruhen. Nun bestreut man ein sauberes ausgebreitetes Tuch gut mit Mehl, walkt den Teig darauf aus und zieht ihn dann mit den Händen papierdünn aus, indem man immer mit der flachen Hand zwischen Teig und Tuch greift. Den dicken Rand schneidet man ab und verwendet ihn zu Suppennudeln. Man kann den Strudelteig auch auf einer leicht bemehlten Resopalplatte dünn auswellen. Diese dünne Teigplatte bestreicht man dann mit der zerlassenen Butter, belegt sie mit feingeschnittenen Äpfeln, streut Zucker und Zimt sowie die gestifteten Mandeln und die gewaschenen, mit etwas Rum beträufelten Rosinen darüber. Nun rollt man den Teig vorsichtig zusammen – er darf nirgends reißen –, drückt ihn noch etwas flach und setzt ihn in eine Kasserolle, in welcher man die Milch mit dem Zucker und der Butter zum

Kochen gebracht hat. Man begießt den Strudel ab und zu mit der Milch und bäckt ihn im Rohr 50 bis 60 Minuten. Leicht mit Puderzucker bestäubt, wird er serviert.

Abwandlung 1:

Quarkstrudl

Derselbe Teig wie zu Apfelstrudel; zur Fülle: $^1/_2$ Pfund weißer Käse, 50 g Zucker, 1 bis 2 Eier, 50 g zerlassene Butter, abgeriebene Zitronenschale, 100 g Rosinen und Sultaninen.

Der Käse wird durch ein Sieb gestrichen, die übrigen Zutaten dazugerührt und – falls die Masse zu dick ist – einige Löffel Milch dazugegeben. Man bestreicht den ausgezogenen Strudel damit, rollt ihn zusammen und behandelt ihn weiter wie Apfelstrudel.

Abwandlung 2:

Zwetschgenstrudl

Zutaten:
Apfelstrudelteig, etwa 1 kg gewaschene, entsteinte und geschnittene Zwetschgen, etwas saurer Rahm und Semmelbrösel, Zucker und Zimt.

Nachdem der Strudelteig sorgfältig ausgezogen ist, bestreicht man ihn mit der zerlassenen Butter und dem Sauerrahm, streut etwas Semmelbrösel darüber, legt die geschnittenen Zwetschgen darauf und bestreut sie mit Zucker und Zimt. Dann rollt man den Strudel zusammen, legt ihn in eine gut ausgefettete Bratpfanne, bestreicht ihn mit Butter, und lässt ihn zunächst etwas anbacken. Hierauf gießt man $^1/_2$ l heiße Milch darüber und lässt ihn noch $^1/_2$ Stunde fertigbacken.

Abwandlung 3:

Husarenstrudl aus Mürbteig

Zutaten:
200 g Mehl, 1 Messerspitze Backpulver, 1 Prise Salz, 50 bis 60 g Zucker, Zitronenschale oder Vanillezucker, 120 g Butter oder Margarine, 2 Eigelb oder 1 ganzes Ei, 1 Esslöffel Sauerrahm, Wein, Rum oder Wasser.

Fülle: Etwa 750 g Äpfel, 50 g Zucker, etwas Zimt, 50 g Rosinen, 50 g geriebene Nüsse oder Mandeln.

Aus den angegebenen Teigzutaten knetet man rasch und mit kühler Hand einen geschmeidigen Mürbteig, den man etwa 1 Stunde ruhen lässt. Inzwischen bereitet man aus den geschälten und feingeschnittenen oder gehobelten Äpfeln und den übrigen angegebenen Zutaten die Fülle. Man rollt den Mürbteig zu einem Rechteck aus, bestreicht ihn mit zerlassener, abgekühlter Butter, füllt ihn und rollt ihn auf. Mit Eigelb bestrichen, wird der Strudel bei 220° kurz angebacken und bei 190° in etwa 50 Minuten fertiggebacken.

Dazu schmeckt, wie zu allen angeführten Strudelarten, eine Vanillesoße, die man nach Angabe auf dem Soßenpäckchen herstellt und mit einem kräftigen Schuss Arrak verfeinert, halbsteifer Schlagrahm dazu ist auch nicht zu verachten!

Äpflkiechla

(Apfelküchlein)

Zutaten:
4 bis 6 mittelgroße Äpfel, 150 g Mehl, 1 Prise Salz, 2 Eier, Milch nach Bedarf, Butterschmalz zum Ausbacken.

Die Äpfel werden geschält, das Kernhaus vorsichtig herausgestochen, dünne Ringe geschnitten und diese leicht eingezuckert und mit einem Schuss Rum oder Arrak übergossen. Nun bereitet man aus Mehl, Milch und Eiern einen dickfließenden Teig, wendet die Apfelringe darin um und bäckt sie anschließend in der Stielpfanne in Butterschmalz beidseitig goldgelb aus. Noch heiß in einer Zucker-Zimt-Mischung wälzen und möglichst sofort servieren.

Anmerkung: Eine unauslöschliche Kindheitserinnerung sind für mich die Apfelküchle im *Essentrochala*, dem Kochgeschirr, in welchem mancher Arbeiter früher sein Mittagessen zum Arbeitsplatz mitbrachte oder von einem Familienmitglied zugetragen bekam. Und in diesem Kochgeschirr die *Ärpflschnitz* und in einem passenden Einsatz über der Suppe die *Ärpflkiechla* oder *Franzkung*! Ich durfte oft mithalten, und aus dem *Essentrochala* schmeckte alles immer viel besser als daheim am elterlichen Mittagstisch!

Hollerkiechla

(Holunderküchlein)

Zutaten:
Teig wie zu Apfelküchlein; frisch gepflückte Blüten vom Holunderstrauch, Butterschmalz zum Ausbacken, Zucker zum Bestreuen.

Die Holunderblüten werden in Sträußchen zerteilt, zur Reinigung kurz in frischem Wasser geschwenkt und auf einem Tuch sorgfältig abgetrocknet. Man fasst sie am Stiel an, taucht eines nach dem andern in den Apfelküchleinteig und bäckt sie in rauchheißem Butterschmalz schwimmend aus. Dabei drückt man die Küchlein tunlichst mehrmals mit ihrem Stiel nach unten, damit die Blüten nicht zusammenbacken.

Die fertigen Holunderküchlein legt man zum Entfetten auf Löschpapier und serviert sie, mit Zucker bestreut, zu Kompott oder zum Kaffee.

Reisberch

(Reisberg)

Zutaten:
200 g Reis, gut $^{3}/_{4}$ l Milch, 2 bis 3 Päckchen Vanillezucker, 3 Eier, gehäufter Esslöffel Zucker, 50 bis 60 g Mandeln, einige Löffel Marmelade, 60 g Zucker.

Der Reis wird gewaschen, mit Milch, Zucker und Vanille weichgekocht, kurz kühl gestellt und die Eigelbe untergezogen. Man streicht die Hälfte der Masse auf eine mit Butter bestrichene Porzellanplatte, gibt darauf einige Löffel säuerliche Marmelade und den übrigen Reis. Die Eiweiße werden mit den 60 g Zucker zu steifem Schnee geschlagen und gleichmäßig über dem Reisberg verteilt. Man überstreut das Ganze mit noch etwas Zucker und den abgezogenen, länglich geschnittenen Mandeln, stellt die Platte auf ein Kuchenblech und überbäckt die Speise ca. 20 bis 25 Minuten in mäßig heißem Ofen, bis der Eischnee eine gelbe Farbe angenommen hat.

Rhabarberauflauf

Zutaten:
250 g altbackene Milchbrötchen, 750 bis 800 g Rhabarber. 150 g Zucker.

Zum Übergießen: 1 Esslöffel Mehl, 3 Eier, 50 g Zucker, $^{1}/_{4}$ l Milch.

Zum Belegen: 30 g Butter und 1 bis 2 Esslöffel Semmelbrösel.

Der Rhabarber wird gewaschen, abgezogen, in gleich große Stücke geschnitten eingezuckert und kurz gedämpft. Inzwischen werden die Brötchen in Scheiben geschnitten und mit dem Rhabarber lageweise in eine gut gefettete Auflaufform geschichtet. Die oberste

Lage muss aus Brötchen bestehen. Darüber gießt man zunächst die oben erwähnten, gut verquirlten Zutaten und überstreut dann das Ganze mit Semmelbrösel und den Butterflöckchen. Man bäckt den Auflauf im Rohr $^{1}/_{2}$ bis $^{3}/_{4}$ Stunde bei guter Mittelhitze und serviert ihn mit Vanillesoße.

Kerschmännla oder Kerschmichl

(Kirschauflauf)

Zutaten:

6 bis 8 altbackene Semmeln (300 bis 400 g), $^{3}/_{8}$ l Milch, 100 g Butter, 175 g Zucker, 4 Eigelbe, 1 Teelöffel Zimt oder die abgeriebene Schale einer Zitrone, 4 Eiweiße, $2^{1}/_{2}$ Pfund Kirschen, etwa 50 g geriebenes Schwarzbrot, 1 Messerspitze Backpulver.

Die Semmeln in dünne Scheiben schneiden, in der Milch einweichen, Butter, Zucker, Eigelbe und Zimt oder Zitrone sehr schaumig schlagen und zu den eingeweichten Semmeln geben. Gut mischen und das geriebene Schwarzbrot, die entsteinten Kirschen, das Backpulver und den sehr steif geschlagenen Eischnee vorsichtig unterheben. In einer gut gefetteten Auflaufform etwa 1 Stunde bei Mittelhitze backen. Nach Belieben Vanillesoße oder eine Tasse Kaffee dazu.

Wicklmus

(Aus meinem großelterlichen Pfarrhaus in Schnabelwald)

Aus 3 Kochlöffeln (etwa 3 Esslöffel) Mehl kocht man mit der nötigen Menge Milch auf schwachem Feuer ein dickes Mus und lässt dieses abkühlen. Unterdessen rührt man „6 Loth" (etwa 90 g) Schmalz nach und nach mit 3 Eidottern und einem Löffel Zucker sowie etwas Zitrone schaumig, gibt das Mehlmus darunter und zuletzt vorsichtig den sehr steifen Eischnee.

Diese Masse streicht man in eine gefettete Bratreine und bäckt sie langsam hellgelb aus. Man bestreicht sie rasch mit Eingemachtem (Pflaumenmus oder dergleichen), rollt das Ganze schnell zusammen, bestreut es mit Zucker und Zimt und gibt es sofort zu Tisch.

Brotpudding I

Zutaten:
250 g Schwarzbrot, 100 g Zucker, $^{3}/_{4}$ l Milch, 3 Eier, Zitronenschale, 80 g Rosinen, 50 bis 100 g Orangeat, 40 g Butter, 100 g geriebene Schokolade.

Man schneidet das Schwarzbrot in kleine, dünne Schnitze und übergießt diese mit der kochenden Milch, in welcher der Zucker aufgelöst wurde. Wenn das Brot gut durchweicht ist, fügt man die weiche Butter und alle angegebenen Geschmackszutaten hinzu und arbeitet diese Masse kräftig durch.

Man füllt sie in eine gut ausgefettete Kochpuddingform (mit Deckel) und kocht sie im Wasserbad – wobei das Wasser nur leicht und stetig ziehen soll, nicht sprudeln – gut eine Stunde. Auf einen Teller stürzen und mit Vanille- oder Weinschaumsoße servieren.

Einfacher Brotpudding II

(Kriegsrezept 1914-1918)

Zutaten:
250 g Schwarzbrot, 250 g gekochte Kartoffeln, etwas Obstsaft oder Milch, Zitronenschale, eine Messerspitze Zimt, 100 g Zucker, 2 Backpulver.

Das Schwarzbrot in möglichst dünne Scheiben schneiden, mit Obstsaft oder Milch anfeuchten und etwas weichen lassen. Die gekochten, geschälten und durch die *Ärpflpress* gedrückten Kartoffeln gut mit der Brotmasse vermengen. Zucker (oder Süßstoff!),

Zitronenschale, Zimt und Backpulver unterheben und diese Mischung lagenweise mit gezuckerten Apfelschnitzen in eine ausgefettete Kochpuddingform füllen.

Mindestens 90 Minuten im Wasserbad kochen, auf einen Teller stürzen und entweder heiß mit Vanillesoße oder kalt zum Kaffee servieren.

(... ob uns der heit nuch schmeckat? Do müsst ma scho an Bärnhunger hoom ...!)

Karteisala und Hiffnsooß

(Kartäuser Klöße und Hagebuttensoße)

Zutaten:
8 frische Weckla, $^{1}/_{2}$ l Milch, 1 bis 2 Eier, 1 Esslöffel Zucker, Zitronenschale, 1 bis 2 Päckchen Vanillezucker, Ausbackfett.

Die Semmeln gut abreiben und halbieren. In einer Schüssel die kalte Milch mit Eiern, Zucker, Vanillezucker und der abgeriebenen Zitronenschale gut verquirlen. Die halbierten Semmeln so lange in der Milch weichen lassen, bis sie sich völlig vollgesogen haben, aber nicht zerfallen; in den vorher abgeriebenen Bröseln wenden und in dem heißen Fett von allen Seiten goldgelb backen. Noch heiß in Zucker und Zimt wälzen.

Dazu essen die Bayreuther besonders gern

Hiffnsooß

Zutaten:
3 bis 4 Esslöffel Hagebuttenmarmelade, 1 gehäufter Teelöffel Mehl, $^{1}/_{4}$ l Wasser, $^{1}/_{4}$ l Weißwein oder Apfelsaft, Saft und Schale einer Zitrone, Zucker nach Bedarf.

Die Hagebuttenmarmelade wird mit dem Wasser, der Zitronenschale und dem kalt angerührten Mehl aufgekocht und nach wenigen Minuten vom Feuer genommen. Nun gießt man den Weißwein und den Zitronensaft zu und zuckert nach Bedarf.

Grießschnittn

(Kriegsrezept)

Zutaten:

$^1/_2$ l Milch, $^1/_2$ l Wasser, 30 g Butter, 1 Brötchen, 300 g Grieß, 1 Prise Salz, 1 bis 2 Eier, Ausbackfett, Semmelbrösel.

Man schneidet das Brötchen in dünne Scheiben, lässt diese mit der Butter in der Milch aufkochen, gibt Salz dazu, streut unter Umrühren den Grieß hinein und lässt ihn dick kochen. Dann rührt man das Ei darunter, gibt den Grieß auf ein nasses Brett, drückt ihn mit einem nassen Wellholz fingerdick auseinander und lässt ihn gut erkalten. Nun schneidet man Schnitten davon ab, wendet diese in Semmelbrösel und bäckt sie in der Pfanne in heißem Fett aus. Oder man lässt die Grießmasse in einer Schüssel erkalten, sticht mit einem in Fett getauchten Backschäufelchen Schnittchen davon ab und bäckt diese schön gelb.

Dazu schmeckt am besten Birnenkompott.

Semmelessn

Zutaten:

8 Brötchen *(Semmeln)*, Milch zum Anfeuchten, 5 bis 6 Eier, etwas Salz, Ausbackfett.

Man schneidet die Brötchen in dünne Scheiben und befeuchtet sie reichlich mit Milch. Die Eier werden mit Salz verquirlt und die angeweichten Brötchen dazugegeben. Alles wird gut gemischt und

in reichlich gefetteter Auflaufform in der Röhre 45 bis 50 Minuten bei Mittelhitze gebacken.
Dazu gibt es entweder Dörrobst, Salat oder Fleisch.
Zu Salat oder Fleisch bäckt man die Semmelmasse anstatt in beliebigem Fett in ausgelassenen Speckwürfeln.

Mohr im Hemd

Zutaten:
60 g Schokolade, 160 g Butter, 100 g Zucker, 6 Eier (getrennt), 80 g Weizenmehl und 80 g Kartoffelmehl.

Die Schokolade im Wasserbad schmelzen lassen und löffelweise zu der mit dem Zucker und dem Eigelb schaumig gerührten Butter hinzufügen. Das Mehl dazurühren und den Eischnee sorgfältig unterheben.

Diese Masse in gut gefetteter Kochpuddingform im Wasserbad ca. $1^1/_2$ Stunden kochen, vorsichtig auf einen großen Teller stürzen und unter einem Tuch auskühlen lassen.

Mit Schlagrahm oder Vanillesoße servieren!

Hochzeitloda-Essn

(Imbiss für Hochzeitlader)

Zutaten:
6 bis 8 Eier, 3 bis 4 Esslöffel Milch oder Wasser, Salz, Pfeffer, Butter.

Das Fett wird erhitzt (die Butter leicht anbräunen lassen). Die mit Milch, Salz und Pfeffer gut verschlagenen Eier werden hineingegossen. Man lässt sie bei ganz schwacher Hitze langsam stocken und serviert sie möglichst sofort, mit reichlich feingewiegtem Schnittlauch bestreut. Kräftiges Bauernbrot dazu.

Anmerkung: Dieses *Rierei* oder *Eierlasschmolz*, wie es im Bayreuther Umland heißt, wurde früher Brautleuten aufgetischt, wenn sie zu Besuch kamen, um zu ihrer Hochzeit einzuladen. Wehe ihnen, wenn sie am gleichen Tag mehrere Familien laden und überall *Eierlasschmolz* essen mussten!

Verlorna Eier

Zutaten zum Sud:
3 l Wasser, 30 g Salz, 3 Esslöffel Essig, 8 Eier.

Zutaten zur Soße:
40 bis 50 g Butter, 60 g Mehl, wenig Zucker, etwas Essig, 2 bis 3 Lorbeerblätter, 1 Stückchen Zitronenschale, 4 bis 5 Wacholderbeeren, einige Pfeffer- und Senfkörner.

Man bringt zunächst das Wasser mit Salz und Essig zum Kochen, zieht das Kochgefäß vom Feuer und schlägt die Eier – es müssen ganz legfrische sein – möglichst nahe am Wasser eines nach dem andern hinein.

Man lässt sie 3 bis 4 Minuten in dem gleichmäßig kochenden Wasser, nimmt sie dann sorgfältig heraus, legt sie in kaltes Wasser, schneidet sie außen glatt und gibt sie bis zum Gebrauch in warmes Salzwasser.

Nun bereitet man aus der Butter, dem Mehl und wenig Zucker eine braune Einbrenne, die man mit Sud aufgießt, bis sie die gewünschte Beschaffenheit erhält. Man lässt diese braune Soße mit allen angegebenen Gewürzen kräftig durchkochen und gibt die vorbereiteten Eier hinein.

Nicht nur in Notzeiten, auch heute noch gibt es in Bayreuth *Roha Kleeß* dazu. Sehr gerne wird auch Kartoffelbrei dazu gegessen.

Milchbrie
(Milchsoße)

Zutaten:
1 l Milch, 1 gehäufter Esslöffel Mehl, 3 Eier, Salz, etwas Butter.

Etwa ein Drittel der Milch wird mit einer Prise Salz zum Kochen gebracht, der Rest mit dem Mehl kalt angerührt und in die kochende Milch gegossen. Vom Feuer nehmen und die sorgfältig verquirlten Eier dazugeben. Nochmals mit etwas Salz abschmecken und mit der Butter verfeinern.

Anmerkung: Diese *Milchbrie* gab es im Krieg in Ermangelung von Fleisch und damit einer Fleischsoße zu Klößen! Manche mögen sie heute noch!

Zwar keine Eierspeise, aber auch ein sparsames *Horri-gschwind-Essen* (Schnellmahlzeit) ist

Schwaaß
(gebackenes Blut)

Zutaten:
Zirka $^3/_4$ l Schweineblut, 1 bis 2 *Weckla*, Milch zum Einweichen, 100 g Räucherspeck, Salz, Pfeffer, Majoran.

Die Brötchen werden feinblättrig geschnitten und in Milch gut eingeweicht. Den feinwürfelig geschnittenen Speck lässt man in einer Bratpfanne glasig dämpfen und bäckt das mit den geweichten Brötchen gut vermischte und mit Salz, Pfeffer und Majoran kräftig gewürzte Blut bei milder Hitze darin aus. Nicht zu *gaach* (scharf) backen lassen! Bratkartoffeln dazu!

Anmerkung:
Statt des flüssigen Blutes kann man auch die einfachen Blutwürste verwenden, diese werden enthäutet, grob geschnitten und auf die gleiche Weise zubereitet.

Schinkennudeln

Zutaten:
400 bis 500 g Nudeln, etwa 400 g Schinken, etwas Butter oder Margarine zum Andämpfen, gut $^{1}/_{4}$ l Sauerrahm, Reibkäse nach Belieben, 3 Eier, Salz, Pfeffer, Muskat.

Den feingeschnittenen oder gewiegten Schinken in Butter oder Margarine leicht anbraten (mehr dämpfen!), die weichgekochten, gut abgetropften Nudeln zugeben, kurz mitdämpfen, den mit den Eiern verquirlten Sauerrahm zugießen, stocken lassen und das Gericht mit den obengenannten Gewürzen gut abschmecken.

Zum Anrichten den Reibkäse darüber verteilen oder diesen zur Selbstbedienung auf den Esstisch stellen. Tomatensoße bzw. Ketchup dazu oder Salat.

Fischgerichte

Stockfisch

Zutaten:
4 Pfund Stockfisch, 8 Semmeln, 4 Pfund Zwiebeln, $^1/_2$ Pfund Butter oder Margarine, Salz und Pfeffer.

Zunächst die Semmeln in dünne Scheiben schneiden und in Butter goldbraun rösten. Die Zwiebeln schälen, in nicht zu feine Würfel schneiden und in Butter glasig rösten. Den Stockfisch in kochendem Wasser ziehen lassen, bis er gar ist, vorsichtig herausnehmen und zerpflücken. Eine Auflaufform mit reichlich Butter ausstreichen und schichtweise Stockfisch, Semmeln und Zwiebeln hineingeben. Jede Schicht muss die andere voll überdecken, und die letzte Schicht muss aus Zwiebeln bestehen. Jede Fischlage wird mit Salz und Pfeffer, die oberste Zwiebelschicht mit Butterflöckchen bestreut. Nun schiebt man die Form in die vorgeheizte Röhre und überbäckt das Ganze, bis die oberste Zwiebelschicht knusprig braun ist. Dazu gibt es

Erbsenbrei

Zutaten:

1 Pfund grüne oder gelbe Erbsen, 1 kleine Zwiebel, 1 Esslöffel beliebiges Fett, $1^1/_2$ Esslöffel Mehl, Salz, Pfeffer, etwa $^3/_4$ l Brühe oder Wasser, Einweichwasser.

Die Erbsen werden verlesen, gewaschen und über Nacht in Wasser eingeweicht. Am nächsten Tag lässt man sie im Einweichwasser langsam weich kochen. Dann streicht man sie durch ein Sieb. Aus Fett, feingeschnittener Zwiebel und Mehl bereitet man eine helle

Mehlschwitze, löscht mit den Erbsen ab, gibt Salz, Pfeffer und nach Bedarf etwas Brühe oder Wasser dazu und lässt die Erbsen noch kurze Zeit durchkochen (auf kleiner Flamme).

Dazu Röstkartoffeln und Sauerkraut – in dieser Zusammensetzung ist das Stockfischgericht noch heute eine beliebte Karfreitags-mahlzeit.

Karpfn, fränkisch

Zutaten:
1 großer oder 2 kleinere Karpfen. Zum Sud: 1 bis $1^1/_2$ l Wasser, Salz, $^1/_8$ l Essig, $^1/_8$ l Frankenwein, einige Zwiebelscheiben, 1 kleine, zerteilte gelbe Rübe, 1 Sträußchen Petersilie, 1 abgeschältes Zitronenrädchen, 1 bis 2 Lorbeerblätter, einige Pfefferkörner, 1 bis 2 Nelken. Nach Belieben etwas Estragon und Basilikum.

Der Fisch soll möglichst kurz vor dem Kochen getötet werden. Er wird, nachdem man die Flossen entfernt hat, geschuppt, ausgenommen, in 4 Teile zerlegt und vorsichtig gewaschen. Inzwischen lässt man in einem Fischkessel den Sud mit allen angegebenen Zutaten eine Weile durchkochen, zieht ihn von der Feuerstelle, legt die Fischteile vorsichtig hinein und lässt sie zugedeckt ca. 15 bis 20 Minuten darin ziehen. Dabei sollen sie mit Sud bedeckt sein, aber nicht schwimmen!

Zu einem Karpfen, den es in vielen Bayreuther Familien am Heiligen Abend gibt, isst man Salzkartoffeln, zerlassene, leicht gebräunte Butter und Meerrettich.

Meerrettich mit Äpfln

Zutaten:
2 Esslöffel geriebener Meerrettich, 2 geriebene mittelgroße Äpfel, 1 bis 2 Esslöffel Rahm, wenig Essig oder Zitronensaft, Salz und Zucker nach Geschmack.

Die geschälten, geriebenen Äpfel werden sofort mit wenig Essig verrührt, da sie sonst anlaufen. Dann mischt man sie mit dem geriebenen Meerrettich, gibt die übrigen Zutaten dazu und schmeckt gut ab. Den Meerrettich bereitet man am besten erst kurz vor dem Verzehr zu, er darf nicht lange stehen.

Fischragout

Zutaten:
1 gutes Pfund Kabeljau- oder Goldbarschfilet. Salz, Pfeffer, Zitronensaft. 100 g Räucherspeck, $^1/_4$ l saure Sahne, 1 Teelöffel Mehl, nach Belieben etwas Suppenwürze.

Das Fischfilet wird kurz gewaschen, gut abgetrocknet, mit Salz und Pfeffer gewürzt und mit Zitronensaft beträufelt. Inzwischen lässt man den in Würfel geschnittenen Speck hellgelb anlaufen, gibt den vorbereiteten Fisch hinein und lässt ihn zugedeckt bei ganz schwacher Hitze gar dämpfen. Nach Bedarf gießt man zunächst etwas Wasser mit Suppenwürze und zuletzt das mit dem Sauerrahm angerührte Mehl hinzu, lässt nur noch kurz aufkochen, nimmt es vom Feuer und serviert das Ragout mit Salzkartoffeln oder Reis.

Marinierte Hering nach Hausfrauenart

Zutaten:
10 Milchnerheringe. 1 l Milch, 1 Zitrone, 2 Zwiebeln, einige Lorbeerblätter, etwa 10 Pfefferkörner, 5 bis 6 Nelken, 1 Esslöffel Salatöl, $^1/_2$ l Weinessig.

Die Heringe werden geschuppt und gewaschen. Dann nimmt man das Milchner heraus, reinigt die Heringe auch von innen, trocknet sie gut ab und legt sie über Nacht in Milch oder Wasser. Anderntags werden sie der Länge nach in 2 Hälften geteilt, entgrätet, nochmals abgetrocknet und gehäutet. Man schichtet sie in einen Steintopf, gibt die angegebenen Gewürze und die in Scheiben geschnittenen Zwiebeln und Zitronenrädchen dazwischen. Das Milchner wird durch ein Haarsieb gestrichen, mit Essig verrührt und dazugegeben. Nun gießt man den gekochten und wieder erkalteten Weinessig darüber, so dass die Heringe davon ganz bedeckt sind. Man bindet den Topf zu und bewahrt die Heringe an einem kühlen Ort auf.

Anmerkung: Vor Gebrauch nimmt man die gewünschte Anzahl von Heringen heraus und richtet sie in einer Terrine mit Sauerrahm, Joghurt, dünngeschnittenen Apfelspalten und einigen in dünne Scheiben geschnittenen Essiggurken appetitlich an. Dazu gibt es Pellkartoffeln.

Heringssalot

Zutaten:
4 bis 5 tafelfertige Matjesfilets oder Bismarckheringe, 2 bis 3 hartgekochte Eier, 1 bis 2 Äpfel, 1 bis 2 Zwiebeln, 4 bis 5 Essiggurken, je 100 g kalten Leberkäse, Bierschinken und Stadtwurst, nach Belieben 1 bis 2 Scheiben gekochte Rote Bete.

Zutaten zur Marinade: $^1/_4$ l Sauerrahm (oder halb Joghurt, halb Rahm), 1 bis 2 Esslöffel Senf, Salz, Pfeffer, Zucker und Essig nach Geschmack, 1 bis 2 Esslöffel Pflanzenöl.

Sämtliche Salatzutaten werden in möglichst gleich große Würfel geschnitten und in eine reichlich große Schüssel gegeben. Man übergießt sie mit den gut verquirlten Marinadezutaten, mischt kräftig durch und lässt den Heringssalat möglichst über Nacht ziehen. Anmerkung: Um den Heringssalat etwas zu „strecken" bzw. um einen höheren Sättigungsgrad zu erhalten, gibt man auch 1 bis 2 gekochte, in Würfel geschnittene Kartoffeln darunter.

An Heringssalot gibt es auf jeden Fall bei einem Hausfasching oder bei der Silvesterfeier, um einem evtl. Kater am nächsten Morgen vorzubeugen.

Backwerk

Keine Kirchweih, keine Hochzeit, keine Konfirmation oder Kommunion ohne *Kiechla* (Schmalzküchlein)! Dieses herrliche Gebäck ist vor allem im Bayreuther Umland in erster Linie zum Austeilen bestimmt. So bekommen zum Beispiel Verwandte oder befreundete Familien, von denen man ein Geschenk erhalten hat oder eines erwartet (!), je nach Personenzahl frisch gebackene Küchle ins Haus geschickt. Auf der festlichen Kaffeetafel spielen sie dann neben den diversen Obstkuchen und Torten nur noch eine untergeordnete Rolle, aber fehlen dürfen sie keinesfalls!

Zum *Kiechlabacken* holt man sich klugerweise eine erfahrene *Kiechlasbäckara* ins Haus, von denen jede ihr ureigenes, bewährtes Rezept besitzt. Eines davon möchte ich hier weitergeben, allerdings nicht ohne meinen geneigten Leserinnen und Lesern dringend davon abzuraten, es im Alleingang zu erproben!

Kniekiechla

Zutaten:
10 Pfund Mehl, 2 Pfund Butter, 2 Pfund Zucker, 30 Eier, 15 Tabletten Süßstoff, $^1/_8$ l Arrak, Schale einer Zitrone, 2 l lauwarme Milch, 80 g Hefe, 7 Esslöffel Weinbrand, etwas Salz, Butterschmalz zum Ausbacken.

(10 Pfund Mehl ist die Mindestmenge zum Küchle-Backen; bei weniger lohnt sich der Aufwand nicht!)

Man gibt das gesiebte Mehl in eine Schüssel und stellt sie warm. Die Hefe wird mit etwas Zucker und lauwarmer Milch verrührt. In der Mitte des Mehls macht man eine Vertiefung, rührt einen kleinen Teil des Mehls mit der Hefe und Milch zu einem dickflüssigen Vorteig (einem *Dämpfla*, wie man das in Bayreuth nennt), bestäubt ihn leicht mit Mehl, bedeckt die Schüssel mit einem Tuch und stellt sie an einen temperierten Ort. Wenn der Vorteig gegangen ist, etwa nach einer halben Stunde, macht man den eigentlichen Teig. Man gibt Zucker, Salz und lauwarme Milch, in der man die Süßstofftabletten aufgelöst hat, zum Vorteig, verrührt alles gut, gibt die erwärmten Eier und die zerlassene Butter dazu und so viel Milch, dass es einen zarten Teig gibt. Nachdem man die Zitronenschale, den Arrak und den Weinbrand hinzugefügt hat, knetet und schlägt man den Teig so lange, bis er Blasen wirft und sich vom Löffel und vom Schüsselrand löst. Nun muss er nochmals zugedeckt etwa 1 Stunde an einem warmen Ort gehen. Darin nimmt man ihn auf ein Nudelbrett, sticht mit einem Wasserglas Küchlein ab, deckt sie zu und lässt sie nochmals kurz gehen. Vor dem Einlegen in das siedend heiße Schmalz zieht man die Küchlein unter ständigem Drehen mit bemehlten Händen in der Mitte schön dünn aus (am besten übers Knie, deshalb „Knie-Küchlein"!!!) und bäckt sie im Schmalz schwimmend beidseitig hellbraun aus. Zwischen Ober- und Unterseite sollen sie a *scheß Rändla* haben! Nach dem Auskühlen überstreut man die Küchle mit reichlich Puderzucker.

Der Kiechlastaach!

Der Hansgärch, der fängt oo za kloong,
ball Kupfweh – und ball Fieber,
es drückt nas Herz, es drückt da Moong,
es Essn konner nett vatroong –
er denkt, es geht bald nieber!

Tomatnsuppm (Rezept auf Seite 70)
Leberkleeßla (Rezept auf Seite 73)
Brotsuppm (Rezept auf Seite 67)
Karteisala und Hiffnsooß (Rezept auf Seite 84)

Ma hott scho allerhand probiert,
an Hollertee, Gamilln;
da Boder hottna scho klistiert,
doch nix hot kolfn, nix sich griert,
a nett die Schweizer Pilln!

Ja, wenna morng nett Kärwa wär
und suan Hauftn Ärbat,
da käms ann elend in die Quer,
wenn heind da Bauer schterbat!

Zum Glick kummt – eh ma sichs gadocht –
da Herr Bezirksorzt gforn.
Der gibt auf jeda Kärwa acht;
am Samstoch werd do immer gschlacht –
do fährta naus – seit Joarn!

Jetzt will er den Patientn gleich
beklopfn und behorng
und hebt es Zudeck auf – da schreit
die Bäuera: „Loßt Eich na Zeit,
ich muß mei Waar erscht bsorng!

Na hultsa untn raus van Bett,
graad bo ihrn Moo sein Fießn,
a Schissl, die mit ann Serwett
is zugadeckt – und an Jackett –
Leit, is des nett zan Schießn?

Hat ma scha gheert von suan Straach? –
Des werd ma seltn finna!
Hot duch die Fraa ihrn Kiechlastaach,
damitta aufgeht, warm und waach,
in dära Bettschtott drinna!

Und etzt läßt aa ihr kronka Moo
sich hörn: „Geh zu, Johanna,
fang mitn Kiechlabackn oo,
daß Unna Dokta a poar koo
rausessn aus da Pfanna!“

Der oba kratzt sich in die Hoar
und tut a „Dankschee" brumma,
denn, maant er, „sua fetta Woar
Verderbat ann denn Moong ja goar,
des kennt ann schlecht bekumma!"

No, unner Hansgärch, statt za schterm,
konn frieh scho fest zulanga.
„Die Kiechla" soocht er „schmierns Gedärm,
zamoll wennsa nuch vo da Wärm
im Bett senn tichtich ganga!“

Da Dokta oba merkt die Lehr,
seitdem er so daschreckt is,
der mooch ka Bauernkiechla mehr ...
Wer waaß, wos Dämpfla gschteckt is!!!

Nach Samuel Bach
Überarbeitet und gekürzt von Traudl Wolfrum

Dörra Kiechla oder Schneeballn

Zutaten:
70 g Butter, 2 Esslöffel Zucker, 1 Prise Salz, 2 Esslöffel Sauerrahm oder Milch, 1 Esslöffel Arrak, 2 Eier, 250 bis 280 g Mehl, Ausbackschmalz, Puderzucker zum Bestreuen.

Man rührt die Butter schaumig, gibt das Übrige dazu, verarbeitet alles zu einem zarten Teig und lässt diesen etwa 1 Stunde ruhen.

Dann wellt man den Teig gut messerrückendick aus, radelt mit dem Teigrädchen schmale, beliebig lange Streifen aus, von denen man jeweils mehrere zu einem Knotengewirr zusammenschlingt und im schwimmenden Fett ausbäckt. Nach dem Erkalten werden die Schneeballen mit Puderzucker bestreut.

Spritzkung

Zutaten:

$^1/_2$ l Wasser, 150 g Butter, 75 g Zucker, 1 Pfund Mehl, 9 Eier, Butterschmalz und Palmin zum Ausbacken, Puderzucker zum Bestreuen.

Wasser, Butter und Zucker zum Kochen bringen, das Mehl im ganzen schnell dazuschütten und den Teig zu einem festen Kloß abrühren (Brandteig). Nach dem Erkalten die Eier hintereinander hinzufügen. Teigmasse in eine Kuchenspritze einfüllen und etwa 15 cm lange Spritzkuchen in das heiße Fett spritzen und schwimmend von allen Seiten goldgelb backen. Am besten nach etwa einer Stunde mit Puderzucker bestreuen und zum Kaffee servieren.

Anmerkung: *Täglich frische Spritzkuchen* gab es früher als Spezialität auf der vor den Toren Bayreuths gelegenen und durch Jean Paul berühmt gewordenen „Rollwenzelei". Eine weitere Spezialität dieser so sehr beliebten Kaffeegaststätte war deren

Kartoffltortn

Zutaten:
4 Eigelb, 300 g Zucker, 60 g geriebene Mandeln, 1 Teelöffel Zimt, 1 Messerspitze Nelken, 60 g Zitronat, 300 g gekochte, geschälte und geriebene Kartoffeln, 4 Eischnee.

Die Eigelbe werden mit dem Zucker „weißgerührt", alle übrigen Zutaten dazugegeben, und zuletzt wird der sehr steif geschlagene Eischnee vorsichtig untergehoben. Dann füllt man den Teig in eine gefettete Springform und bäckt ihn ca. 50 Minuten bei mäßiger Hitze (175°). Leicht mit Puderzucker bestreuen!

Feuerspatzen

Zutaten:
500 g Quark, 500 g Mehl, 5 Eier, 175 g Zucker, Prise Salz, 2 Vanillinzucker, 1 Backpulver, 100 g in Rum getränkte Sultaninen.

Eier mit Zucker schaumig rühren, Quark dazugeben, Mehl, Vanillinzucker und Backpulver unterheben, zuletzt die Sultaninen. Mit dem Löffel Teigportionen abstechen und in schwimmendem Fett ausbacken.

Heffa-Zwetschgakung

(Zwetschgenkuchen aus Hefeteig)

Zutaten:
500 g Mehl, 30 g Hefe, 100 g Butter oder Margarine, 80 g Zucker, 1 Ei, die abgeriebene Schale einer Zitrone und etwa $^{1}/_{4}$ l Milch, je nach Blechgröße etwa 3 bis 4 Pfund entsteinte Zwetschgen.
Wichtig: Für Hefeteig niemals kalte Zutaten verwenden!
In das in eine Schüssel gesiebte Mehl eine Vertiefung machen und die mit wenig lauwarmer Milch und einem Teelöffel Zucker verrührte Hefe hineingeben. Dieses *Dämpfla* ca. 20 Minuten gehen lassen. Alle übrigen Zutaten – das Fett zerschleichen lassen – dazugeben und mit so viel lauwarmer Milch verkneten und verschlagen, dass ein geschmeidiger Teig entsteht. Diesen auf gut gefettetem, leicht bemehltem Blech gleichmäßig ausrollen, zugedeckt nochmals gehen lassen und leicht mit Semmelbröseln bestreuen. Die Zwetschgenspalten dachziegelartig möglichst dicht auflegen und den Kuchen vor dem Backen mit ganz wenig Zucker und Zimt, nach dem Backen – in vorgeheizter Röhre ca. 45 Minuten bei Mittelhitze – kräftig mit Zucker und Zimt bestreuen.
Anstatt mit Zwetschgen kann man diesen Hefeteig natürlich auch mit Apfelschnitzen dicht belegen oder auch mit Schwarzbeeren.
Ganz hervorragend schmeckt jede dieser drei Obstkuchenarten mit folgenden *Streuseln*:
Aus 150 g zerlassener Butter, 250 g Mehl, 150 g Zucker, 5 g Zimt und einem Päckchen Vanillezucker bröselt man mit den Händen oder mit 2 Gabeln kleine *Streißala*. Diese verteilt man möglichst gleichmäßig auf dem mit dem Obst belegten Hefeteig und bestreicht sie nach Belieben noch mit Ei. Die Streusel werden bei Mittelhitze mitgebacken.
Den Apfelstreuselkuchen kann man nach dem Backen evtl. noch mit einem Guss aus gesiebtem Puderzucker und Zitronensaft versehen.

Rhabarberkung
(Bröselteig)

Zutaten:
250 g Mehl, $^1/_2$ Teelöffel Backpulver, 1 Päckchen Vanillezucker, 1 Eigelb, 150 g Zucker, 150 g Margarine, 1 Pfund Rhabarber.

Aus dem mit dem Backpulver vermischten und gesiebten Mehl und sämtlichen anderen Teigzutaten „bröselt" man rasch einen Mürbteig, den man kurz ruhen lässt. Inzwischen wäscht man den Rhabarber, zieht ihn ab und schneidet ihn in gleich große Stücke. Nun drückt man gut ein Drittel des Bröselteiges in eine vorbereitete Springform als Boden, verteilt die Rhabarberstücke gleichmäßig darauf, bestreut sie mit etwas Zucker und bröselt den restlichen Teig als Streusel darüber. In vorgeheizter Röhre bei Mittelhitze ca. 45 bis 50 Minuten backen und mit Puderzucker bestreut servieren.

Gittalasäpflkung
(Mürbteigapfelkuchen)

Zutaten:
300 g Mehl, 200 g Fett (am besten halb Margarine, halb Butterschmalz), 100 g Zucker, 1 Ei, etwas Salz, 1 Messerspitze Backpulver.

Fülle: Gut 500 g Apfelmus, Saft und Schale einer Zitrone oder 1 Teelöffel Zimt, Eigelb zum Bestreichen der Gitter.

Zu dem mit Salz und Backpulver gemischten Mehl gibt man das Ei und den Zucker sowie das feinblättrig geschnittene Fett und hackt das Ganze zunächst mit einem Messerrücken. Dann knetet man den Teig rasch zu einem geschmeidigen Kloß, den man mehrmals gegen die Tischplatte wirft und dann mindestens eine Stunde ruhen lässt.

In eine leicht gefettete und gemehlte Springform gibt man zwei Drittel dieses Mürbteiges, drückt einen möglichst hohen Rand an und füllt die Apfelmasse hinein. Den restlichen Teig wellt man messerrückendick aus und radelt mit dem Kuchenrädchen längere und kürzere Streifen aus, die man gitterartig über das Apfelmus legt. Das Ei wird mit wenig Milch verquirlt und vorsichtig auf das Gitter gestrichen. Nun schiebt man den Apfelkuchen in die gut vorgeheizte Röhre und bäckt ihn bei 200° ca. 50 Minuten.

Er wird mit Puderzucker bestreut, schmeckt warm so gut wie kalt und hält sich mehrere Tage.

Donauwellen

Zutaten zum Teig:
125 g Butter oder Margarine, 125 g Zucker (1 Vanillinzucker), 3 Eier, 75 g Mondamin, 100 g Mehl, $^1/_2$ Päckchen Backpulver, 1 Essl. Kakao.

Zutaten für die Creme:
60 g Mondamin, $^1/_2$ l Milch, 120 g Zucker, 500 g Speisequark (Magerstufe), 2 Eigelb, 8 Blatt weiße Gelatine, 2 Eiweiß, 200 ml süße Sahne, Zitronensaft.

Zum Kuchenbelag:
1 Glas (etwa 460 g) Sauerkirschen.

Zum Guss:
3 Beutel dunkle Kuchenglasur.

Aus dem weichen Fett und den übrigen Teigzutaten einen Rührteig herstellen und diesen auf ein gut gefettetes Backblech streichen. Die abgetropften Sauerkirschen gleichmäßig darüber verteilen und den Kuchen bei 200° etwa 30 Minuten backen (Backofen leicht vorheizen).

Für die Creme: Mondamin in wenig kalter Milch anrühren, die restliche Milch mit dem Zucker zum Kochen bringen, das angerührte Mondamin dazugießen und kurz kochen lassen. Wenn abgekühlt, Quark, Eigelb und aufgelöste Gelatine unterrühren. Steifgeschlagenes Eiweiß und steifgeschlagene Sahne leicht unterheben und die Creme mit Zitronensaft abschmecken und auf dem Kuchen verteilen.

Für den Guss die Kuchenglasur nach Anweisung erwärmen.
(... es is „aweng aufwändich", oba es lohnt sich!)

Gwärzkerschkung

Zutaten:
140 g Butterschmalz, 140 g Zucker, 4 Eier, $^1/_2$ Teelöffel Zimt, $^1/_2$ Teelöffel Nelken, Schale einer Zitrone, 140 g Mehl und gut 1 Pfund dunkle Kirschen.

Fett, Zucker und Eigelb werden gut schaumig gerührt, Mehl und der steifgeschlagene Eischnee mit den Gewürzen sowie den gut abgetropften, möglichst entsteinten Kirschen vorsichtig untergehoben. Der Kuchen wird in gut gefetteter und gebröselter Springform bei 190 bis 200° ca. 1 Stunde gebacken. Mit Puderzucker überstreut servieren und etwas Schlagrahm dazu reichen.

Fränkischer Weichslkung

(Butterteig)

Zutaten:
150 g Mehl, 1 Beutel Mandelpuddingpulver, 140 g Butter, 2 Esslöffel Zucker, 1 Teelöffel Backpulver, 2 kleine Eidotter und 1 bis 2 Esslöffel Weißwein oder Zitronensaft.

Aus den angegebenen Zutaten knetet man einen zarten Teig und lässt ihn kurz ruhen. Dann drückt man ihn mit Rand in eine gefettete Springform und bäckt ihn in vorgeheizter Röhre bei 200° ca. 15 Minuten hell aus, gibt etwa 750 g entkernte, abgetropfte und leicht gezuckerte Weichseln (Sauerkirschen) darauf und eine Haube aus 5 Eiweiß, die mit 100 g Zucker und 2 bis 3 Päckchen Vanillezucker sehr steif geschlagen wurden. Man streut ganz obenauf noch etwas groben Zucker und bäckt den Kuchen noch ca. 15 bis 20 Minuten fertig.

Erdbeerkung

(Erdbeerkuchen)

Zutaten zum Teig:

100 g Butter (Margarine), 80 g Zucker, 2 Eier, 2 Essl. Milch, wenig Salz, Zitronenschale oder Vanillezucker, 150 g Mehl, 1 Teelöffel Backpulver.

Belag:
500 bis 600 g frische Erdbeeren, 2 bis 3 Essl. Erdbeer- oder sonstige rote Marmelade, 1 roter Tortenguss, Schlagsahne.

Aus den angegebenen Zutaten stellt man in üblicher Weise einen luftigen Rührteig her, füllt diesen in eine gut gefettete, leicht gemehlte Obstbodenform und bäckt ihn bei 190 bis 200° in ca. 20 Minuten hellgelb aus. Man lässt ihn kurz auskühlen, stürzt ihn auf eine Tortenplatte und bestreicht ihn mit der gut verrührten, leicht erwärmten Konfitüre.

Die gewaschenen, abgetropften und halbierten Erdbeeren werden gleichmäßig darauf verteilt und leicht überzuckert. Man überzieht den Kuchen mit dem nach Vorschrift bereiteten Tortenguss und garniert nach völligem Erkalten mit Schlagrahm.

Anmerkung: Aus Liebe zu meiner *Bareitha Mundoart* und aus Sorge um deren Erhaltung möchte ich hier nicht versäumen, daran zu erinnern, dass die Erdbeeren bei uns *Brostl* heißen! *„... mir hamm fei scho die erschtn Brostl in unnern Gartn ...!“* hieß es früher, als es noch keine importierten Erdbeeren gab.

Gschmackssach.

Es Korla macht mit seine Eltern Ferien aufm Bauernhof.
Am Onfang finder alles langweilig, fad und doof,
und er wär vill lieber im Gebirch oder an irgendann Schtrand ...
oba so allmählich finders doch ganz interessant ...

Die Bäuera und der Bauer gehm sich oba aa vill Mieh ...
Sie nehma den Bumm mit in Schweinschtoll und zum „Oaärbatn“ mit zu die Kieh.
Und so sichter dann amoll, wie da Bauer denn worma Mist auf sei Rohwärn aufladt,
und er froocht na aa gleich, wos des zu bedeitn hätt.

Da Bauer, der sich über des plötzliche Interesse von dem Kind ehrlich freit,
antwort' prompt und freindlich: „ Der werd etzt sofort ieber die Erdbeern gschtreit.“
Do schaut es Korla voller Zweifl und vewundert zum Bauern nauf
und soocht: „ Also bo uns dahaam kummt auf die Erdbeern a Schlochrohm drauf.“

Traudl Wolfrum

Gelbarummtortn

(Gelbe-Rüben-Torte)

Zutaten:

$^1/_2$ Pfund feingeriebene gelbe Rüben, 6 Eigelb, 6 Eiweiß, $^1/_2$ Pfund Zucker, $^1/_2$ Pfund ungeschälte geriebene Mandeln, etwas Zitronenschale, etwas Zimt, 2 Teelöffel Arrak.

Die Eidotter mit dem Zucker sehr schaumig rühren, die feingeriebenen Mandeln und die Gewürze untermischen, dann die am besten auf dem Reibeisen geriebenen – gelben Rüben mit dem Arrak hinzufügen und zuletzt den sehr steifen Eischnee vorsichtig leicht unterheben.

In vorbereiteter Springform bei knapp 200° etwa 1 Stunde backen und mit einem Guß aus 200 g Puderzucker, etwas Zitronensaft und etwa 1 Teel. Arrak überziehen.

Bodnloser Keeskung

(auch *Blitzkung* genannt, weil er ganz schnell geht)

Zutaten:
1 kg Magerquark, 3 mittelgroße Eier, 125 g Butter, 300 g Zucker, 1 bis 2 Vanillezucker, 1 Vanillepuddingpulver, 2 Essl. Grieß, 1 Backpulver, Saft und abgeriebene Schale einer Zitrone, 125 g Sultaninen (evtl. in Rum eingeweicht).

Den Grieß und das Puddingpulver mit dem Backpulver mischen und beiseite stellen. Alle übrigen Zutaten in eine Schüssel geben und sehr sorgfältig miteinander verrühren. Das Backpulvergemisch vorsichtig kurz unterheben, die Teigmasse in eine gefettete und gebröselte Springform füllen und im vorgeheizten Rohr bei 200° eine gute Stunde backen.

Mit Puderzucker bestäuben oder mit Schlagrahm verzieren. Schmeckt warm und kalt.

Fränkischer Sandkung

(ohne Backpulver)

Zutaten:
$^{1}/_{4}$ Pfund Butter, $^{1}/_{4}$ Pfund Schmalz, 280 g Zucker, 5 Eier, 3 Essl. Arrak, Vanillezucker, 140 g Weizen- und 140 g Kartoffelmehl.

Zuerst das Fett alleine geschmeidig, dann mit dem Zucker, Vanillezucker und den Eiern sehr schaumig rühren. Das Mehlgemisch abwechselnd mit dem Arrak dazugeben. Der Teig muss ganz luftig sein! Man füllt ihn in eine gut gefettete und gebröselte Kastenform und bäckt ihn bei mäßiger Hitze (175°) etwa 70 Minuten. Stäbchenprobe machen!

Etwas auskühlen lassen und auf ein Gitter stürzen. Mit einem Guss aus Puderzucker und Arrak überziehen und den sehr haltbaren Kuchen frühestens am übernächsten Tag anschneiden.

„... der zageht auf da Zunga!! "

Franzeesischer Äpflkung

(Gedeckter Apfelkuchen aus Essigteig)

Zutaten zum Teig:
230 g Mehl, 155 g Butter oder Margarine, 4 Essl. Zucker, $1^1/_2$ Essl. Essig.

Für die Fülle:
ca. 800 g Äpfel; einige Korinthen und grobgehackte Mandeln sowie Zucker nach Geschmack.

Für den Deckel:
Wenig kaltes Wasser und 1 bis 2 Essl. grober Zucker (Hagelzucker).

Aus den angegebenen Zutaten einen gehackten (mit dem Messer) Mürbteig herstellen und diesen an kühlem Ort ruhen lassen. Unterdessen die geschälten, in dünne Scheiben geschnittenen Äpfel mit Korinthen, Mandeln und Zucker gut vermischen und eine kleine Springform (24 cm Durchmesser) leicht fetten und mehlen.

Etwa die Hälfte des zarten Teiges mit Rand in die vorbereitete Form drücken und die Apfelfülle gleichmäßig darauf verteilen. Den restlichen Teig rund auswellen und als gut abschließenden Deckel über die Apfelfülle geben. Diesen Deckel mit kaltem Wasser bepinseln und mit dem groben Zucker bestreuen.

Den Kuchen im vorgeheizten Rohr bei knapp 200° etwa 35 bis 40 Minuten backen.

Keeskung

(Käsekuchen)

Zutaten zum Teig:
250 g Mehl, 70 g Zucker, etwas Salz, 150 g Butter, 2 Eigelb, 2 Esslöffel Milch, 2 Esslöffel Rum, etwas Zitronenschale.

Zur Fülle: 500 g Quark, 125 g heiße Butter (nicht gebräunt!), $^{1}/_{8}$ l heiße Milch, 125 g Zucker, 5 Eigelb, etwas Zitrone und Vanille, 50 g Rosinen, 50 g Mehl, $^{1}/_{2}$ Teelöffel Backpulver.

Aus den angegebenen Teigzutaten bereitet man einen Mürbteig, den man wie üblich an kühlem Ort ruhen lässt. Inzwischen rührt man die angegebenen Zutaten zur Fülle zu einer schaumigen Masse, unter die man zuletzt das mit dem Backpulver vermischte und gesiebte Mehl sowie den sehr steifen Eischnee gibt.

Nun drückt man den Mürbteig mit möglichst hohem Rand in eine vorbereitete Springform, streicht die Quarkmasse gleichmäßig auf und bäckt den Kuchen in vorgeheizter Röhre bei 190 bis 200° etwa 1 Stunde. 15 Minuten vor Ende der Garzeit bestreicht man die Käseschicht mit Eigelb, bäckt den Kuchen fertig und lässt ihn, bevor man ihn aus der Form nimmt, mindestens 15 Minuten auskühlen.

Xundheitskung

(Gesundheitskuchen aus gerührtem Backpulverteig)

Zutaten:
1 Pfund Mehl. 250 g Butter, 250 g Zucker, 7 bis 8 Eier, $^{1}/_{4}$ l lauwarme Milch, $^{1}/_{2}$ abgeriebene Zitrone, 1 Päckchen Backpulver, nach Belieben 40 bis 50 g Mandeln.

Die Butter wird schaumig gerührt, Eier und Zucker nach und nach dazugefügt, dann die Milch und das Mehl bis auf einen kleinen

Rest untergemischt. Nachdem man noch Zitronenschale dazugegeben hat, mischt man das gesiebte Backpulver unter das restliche Mehl, mengt es vorsichtig unter und füllt den Teig in eine gut vorbereitete große Gugelhupfform. Bei 175° eine gute Stunde backen. Nach dem Auskühlen entweder mit Puderzucker bestreuen oder mit einem Schokoladenguss überziehen.

Schokolodnguss

Zutaten:

$^1/_2$ Pfund Puderzucker, 3 bis 4 Esslöffel Kakao, ganz wenig Wasser, 20 bis 30 g Palmin.

Puderzucker und Kakao gut mischen und mit nur so viel kochendem Wasser verrühren, dass der Guss zähflüssig vom Löffel rinnt (er muss sich gerade noch über den Kuchen „gießen" lassen!), und unter Weiterrühren das zerschlichene Palmin hinzufügen. Nochmals gut durchrühren und sofort gleichmäßig über den Kuchen verteilen.

Tiechakung

(Tigerkuchen, Marmorkuchen)

Zutaten:
250 g Butter, 6 Eier, 260 g Zucker, 1 Tasse Milch, 1 bis 2 Päckchen Vanillezucker, 250 g Stärkemehl, 250 g Weizenmehl, 1 Päckchen Backpulver, 3 Esslöffel Kakao.

Die Zubereitung ist dieselbe wie beim Gesundheitskuchen. Die Masse wird in 2 Teile geteilt, der eine mit dem Kakao gut vermischt und dann abwechselnd 1 Löffel helle und 1 Löffel dunkle Masse in eine gut gefettete und gebröselte Gugelhupfform eingefüllt. Mit einer Gabel wird die Masse spiralenförmig ineinandergestrichen und der Kuchen in leicht vorgeheizter Röhre 60 bis 70 Minuten bei Mittelhitze gebacken. Nach dem Auskühlen mit vorstehendem Schokoladenguss überziehen.

Hoslnusskranz

Zutaten:
160 g Butterschmalz, 100 g geriebene Haselnüsse, 220 g Zucker, 400 g Mehl, 3 Eier, 1 Päckchen Backpulver, 4 bis 5 Päckchen Vanillezucker und 1 knappe Tasse Milch.

Butterschmalz, Eigelbe und Zucker sowie Vanillezucker gut schaumig rühren. Das mit dem Backpulver vermischte und gesiebte Mehl sowie die geriebenen Nüsse abwechselnd mit der lauwarmen Milch dazugeben, zuletzt den sehr steif geschlagenen Eischnee unterziehen. Den Teig in eine gut vorbereitete Ringform füllen und bei 180° in leicht vorgeheizter Röhre 60 bis 70 Minuten backen. Nach dem Erkalten vorsichtig auf eine Kuchenplatte stürzen und mit folgendem Guss überziehen:

Vanilleguss

Zutaten:
$^1/_2$ Pfund Staubzucker, 2 bis 3 Päckchen Vanillezucker, 1 Eiweiß, wenig warmes Wasser.

Der mit dem Vanillezucker versiebte Staubzucker wird mit dem Eiweiß und dem nötigen warmen Wasser so lange gerührt, bis der Guss schön glatt und weiß ist. Nun wird er gleichmäßig über den fast ausgekühlten Haselnusskranz gegossen und muss in der Wärme antrocknen.

Mit diesem Guss versehen, hält sich der Haselnusskranz 8 bis 10 Tage und ist deshalb ein dankbarer Vorratskuchen.

Grührta Heffaguglhupf

Zutaten:
1 Pfund Mehl, 20 g Hefe, $^1/_4$ l Milch, 3 bis 4 Eier, 150 g Butter oder Margarine, 60 g Zucker, 100 g Sultaninen, Schale einer Zitrone, 1 Teelöffel Salz.

Man macht wie gewöhnlich einen Vorteig und lässt ihn an einem warmen Ort gehen. Inzwischen rührt man die Butter mit den Eiern und dem Zucker schaumig, gibt diese Masse zu dem gegangenen Vorteig und mengt das übrige Mehl sowie die nötige warme Milch und die Gewürze unter. Wenn der Teig gründlich abgeschlagen ist, so dass er Blasen wirft und sich vom Schüsselrand löst, hebt man die gewaschenen und leicht bemehlten Sultaninen unter, füllt ihn in eine gut mit Fett bestrichene und mit Semmelbröseln bestreute Gugelhupfform und lässt ihn in dieser nochmals ca. 1 Stunde gehen. Man bäckt den sonntäglichen *Heffakung* ca. 1 Stunde bei 190° und überstäubt ihn nach kurzem Auskühlen reichlich mit Puderzucker.

B'soffener Guglhupf

Zutaten:
300 g weiche Margarine, 200 g Zucker, 6 Eier, 300 g Mehl, 200 g Schokostreusel, 1 Teelöffel Zimt, 1 Esslöffel Kakao, $1^1/_2$ Päckchen Backpulver, ca. 200 ml Rotwein, Puderzucker zum Bestreuen.

Aus Fett, Zucker und Eiern eine helle cremige Masse rühren. Das mit Zimt, Kakao und Backpulver gemischte Mehl unterziehen, die Schokostreusel dazugeben und das Ganze mit dem Rotwein verrühren.

Eine Backform (Guglhupf) dünn mit Margarine ausfetten, mit etwas Mehl bestäuben, Teigmasse einfüllen und im vorgeheizten Backofen (180°) auf unterster Schiene ca. 60 Minuten backen. Auf Kuchenrost stürzen (15 Minuten auskühlen lassen!!) und vor dem Servieren mit Puderzucker bestäuben.

Quarktäschla

Zutaten:
1 Pfund Mehl, 1 Pfund Quark, 1 Pfund Margarine, 1 Teelöffel Backpulver, 1 Teelöffel Salz.

Zur Fülle: Zwetschgenmus oder Erdbeermarmelade.

Zum Bestreichen: Mit Milch verquirltes Eigelb, geriebene Mandeln oder Nüsse.

Aus Mehl, Quark, Margarine, Salz und Backpulver knetet man rasch einen geschmeidigen Teigkloß und lässt diesen mindestens 2 Stunden an einem kühlen Ort ruhen. Danach teilt man den Teig in 3 oder 4 Portionsstücke, wellt diese gut messerrückendick aus und sticht mit einem Dosendeckel von mindestens 10 cm Durchmesser runde Fladen aus. Auf deren eine Hälfte gibt man einen

Klecks (etwa 1 Teelöffel) Zwetschgenmus oder beliebige Marmelade, schlägt die andere Hälfte darüber und drückt sie an den Rändern fest zusammen. Man bestreicht die Quarktaschen mit dem verdünnten Eigelb und bestreut sie mit geriebenen Mandeln oder Nüssen.

Auf gefettetem und bemehltem Blech oder auf Alufolie in gut vorgeheizter Röhre bei 200° ca. 20 Minuten ausbacken und mit Puderzucker bestreut möglichst am gleichen Tag servieren.

Eine beliebte Abwandlung: Anstelle von Marmelade gibt man in die Quarktaschen eine Fülle aus feingewiegtem, mit Ei und etwas Sauerrahm nicht zu flüssig angerührtem Schinken. Diese pikanten Taschen bestreut man anstatt mit Nüssen mit etwas Pfeffer und Paprika und serviert sie zu Wein oder Bier.

Krätzaweckla

Diese hochwertigen Milchbrötchen aus Hefeteig bestellte früher die Verwandtschaft einer Wöchnerin beim *Bäckn* und schickte dieser einen ganzen Korb voll (*a ganza Krätzn voll* – deshalb *Krätzaweckla*) davon als Glückwunschgruß ins Haus.

Im Bayreuther Umland hat sich dieser liebenswerte Brauch teilweise noch erhalten.

Hier das Rezept:

Zutaten:
1 Pfund Mehl, 100 g Fett, 100 g Zucker, $^1/_8$ l Milch, 2 Eier, 40 g Hefe, 6 g Salz.

Man bereitet einen geschmeidigen Hefeteig (*Dämpfla* gehen lassen!) und formt aus diesem runde *Weckla*, welche man durch zwei parallele Einschnitte mit einem scharfen Messer dreiteilt. (Gewöhnliche *Weckla* haben nur einen Einschnitt!)

Die ca. 17 bis 18 *Weckla* (à 60 g), die diese Teigmenge ergibt, bäckt man im vorgeheizten Rohr bei 190° ca. $^1/_2$ Stunde und bepinselt sie beim Herausnehmen mit zerlassenem, lauwarmem Butterschmalz.

Quarkstolln

Zutaten:
500 g Mehl, 1 Päckchen Backpulver, 200 g Zucker, 2 bis 3 Päckchen Vanillezucker, etwas Salz, Bittermandelöl, 1 Esslöffel Rum, Saft und Schale einer Zitrone, 1 Messerspitze Kardamom, etwas Muskat, 2 Eier, 125 g Butter oder Margarine, 50 g Rinderfett, 250 g gut trockenen Magerquark, 125 g Korinthen, 125 g Rosinen, 125 g geriebene Mandeln oder Haselnüsse, 40 g geschnittenes Zitronat.

Zum Bestreichen: 50 g Butter oder Margarine.

Zum Bestreuen: 50 g Puderzucker.

Alle Teigzutaten auf einem Brett zusammenkneten, einen Stollen formen und diesen auf einem mit gefettetem Pergamentpapier belegten Blech 50 bis 60 Minuten bei 190° im nur leicht vorgeheizten Ofen backen (Hölzchenprobe machen!).

Der aus dem Rohr genommene, noch heiße Quarkstollen wird sofort mit der zerschlichenen Butter getränkt und mit dem Puderzucker überstäubt. Frühestens am übernächsten Tag anschneiden und in Folie aufbewahren.

Mandlkracher

(zum Frankenwein)

Zutaten:
100 g Mehl, 1 Beutel Mandelpuddingpulver, 140 g Butter, 140 g Zucker, 1 bis 2 Päckchen Vanillezucker, Salz, etwas Zitrone, 1 Ei.

Alle Zutaten auf dem Brett zu einem zarten Teig verarbeiten und diesen messerrückendick auswellen. Man legt ihn auf ein gefettetes

Blech, bestreicht ihn mit Eidotter und bestreut ihn dick mit Mandelblättchen (im Handel erhältlich), Zucker und Vanillezucker. Nun bäckt man die Platte in 15 bis 18 Minuten bei 200° hell aus und schneidet sie sofort in beliebige Stücke.

Deeblätter

(Feingebäck zum Tee)

Zutaten:
1 Pfund feines Weizenmehl, 50 g Hefe, $^1/_4$ Pfund Butter oder Margarine, Zitronenschale, $^1/_4$ l Milch.

Man bröckelt zunächst die Hefe in das Mehl und knetet dann aus den übrigen Zutaten und der leicht angewärmten Milch einen geschmeidigen Teig. Aus diesem formt man eine Rolle und aus dieser etwa 40 Portionsstückchen, von denen man jedes mit dem Nudelholz auf Zucker zungenförmig breitrollt und auf gefettetem Blech bei Mittelhitze (180 bis 200°) goldgelb ausbäckt.

Kalter Hund

(Palmin-Kekstorte)

Zutaten:
250 g Palmin, 2 Eier, 50 bis 70 g Kakao, 1 Essl. feingemahlener Bohnenkaffee, 200 g Zucker, 1 Prise Salz, 1 Essl. Rum, ca. 20 Tortenkekse (einfache Butterkekse).

Palmin langsam schmelzen lassen. Eier und Zucker schaumig rühren, Kakao, Kaffee, Salz und Rum vorsichtig dazugeben und nach und nach das abgekühlte, flüssige Palmin unterrühren. Eine kleine Kastenform mit Pergamentpapier auslegen und abwechselnd eine Schicht Palminmasse und eine Schicht nebeneinandergelegter Kekse einfüllen. (Als erste Schicht tunlichst Palminmasse, als Abschlussschicht Kekse!)

Einige Stunden – am besten über Nacht – kalt stellen, auf eine Platte stürzen und in dünnen Scheiben servieren!

Eine beliebte Abwandlung ist

Kalte Zitronella

Zutaten:
250 g Palmin, 150 g Zucker, 150 g Kokosraspel, 2 Eier, Saft und Schale einer Zitrone, Butterkekse nach Bedarf.

Das Palmin schmelzen lassen, den Zucker unter Rühren langsam zugeben, weiterrühren und nach und nach alle übrigen Zutaten hinzufügen.

Schichtweise mit den Keksen in eine mit Pergamentpapier ausgelegte Kastenform füllen – als erste Schicht Zitronenmasse, obenauf als Abschlussschicht Kekse –, einige Stunden kalt stellen und auf eine Platte stürzen.

Kässchtängala

(zu Bier oder Wein)

Zutaten:
120 g Butter, 120 g geriebener Emmentaler, 1 Prise Salz, 200 g Mehl, 4 Esslöffel Sauerrahm.

Teig kneten, 1 Stunde ruhen lassen und auswellen. Mit dem Teigrädchen schmale, beliebig lange *Stängala* ausradeln, mit leicht verdünntem Eigelb bestreichen und mit Kümmel, Salz, Pfeffer, Paprika usw. nach Belieben bestreuen. In vorgeheizter Röhre bei 200° ausbacken.

Anmerkung:
Es empfiehlt sich, dieses Rezept doppelt zu nehmen, da es verhältnismäßig wenig ausgibt.

Griebenkeks

(Salzgebäck zu Wein oder Bier)

Zutaten:
200 g Schweinegrieben (vom Metzger), 250 g Mehl, 40 g Butter, etwas Salz, 1 Ei.

Ferner Salz und Kümmel zum Bestreuen, 1 Eigelb zum Bestreichen.

Die Grieben durch den Fleischwolf drehen, alle weiteren Teigzutaten zu einem gebröselten Mürbteig verarbeiten und kalt ruhen lassen. Danach etwa „zweimesserrückendick" ausrollen, beliebige (nicht zu große) Plätzchen ausstechen, mit dem sorgfältig verquirlten Eigelb bestreichen und mit Salz und Kümmel bestreuen.

Gwärzkung

(Gewürzkuchen)

Zutaten:
125 g Butter oder Margarine, 250 g Zucker, etwas Vanillezucker, 4 Eier, 3 Tropfen Bittermandelöl, etwas Salz, etwas geriebene Muskatnuss, 1 Messerspitze gemahlene Nelken, 1 gestr. Teelöffel Zimt, 350 g Weizenmehl, 50 g Kakao, 4 gestr. Teelöffel Backpulver, ca. $^1/_8$ l Milch.

Man rührt das Fett schaumig und gibt nach und nach Zucker, Vanillezucker, Eier und Gewürze hinzu. Das mit Kakao und Backin gemischte und gesiebte Mehl wird abwechselnd mit der Milch untergerührt. Nur so viel Milch verwenden, dass der Teig schwer reißend vom Löffel fällt! Er wird nun in eine gefettete, mit Semmelbröseln ausgestreute Kasten- oder Ringform gefüllt und bei schwacher Mittelhitze (175°) etwa 60 Minuten gebacken.

Man überstäubt den erkalteten Kuchen mit gesiebtem Puderzucker oder füllt ihn mit herber Marmelade und überzieht ihn mit einer weißen Glasur.

Zitronakung

(Blechkung)

Aus 200 g Butter (oder Margarine), 200 g Zucker, 3 Eiern, 100 g Mondamin, 300 g Mehl, Zitronenschale, 3 gestr. Kaffeelöffel Backpulver und $^1/_8$ l Milch einen Rührteig herstellen und diesen auf ein gut gefettetes Backblech (am besten Butterschmalz) streichen.

Im vorgeheizten Rohr bei 220° etwa 15 bis 20 Minuten backen und mit einem Guss aus 200 g Puderzucker, 3 bis 4 Esslöffeln Zitronensaft und etwas Zitronenschale bestreichen. Wenn der Guss erstarrt ist, den Blechkuchen in Dreiecke oder Quadrate schneiden.

Honigkung

(Kriegsrezept)

Zutaten:
2 Pfund Kunsthonig, 50 g Schweineschmalz, 200 g Zucker, Zimt, Nelken, Kardamom und Muskat nach Geschmack, $^1/_8$ l Milch, 2 Eier, 1 Pfund Mehl, 1 Päckchen Backpulver.

Der Kunsthonig wird mit dem Zucker und sämtlichen Gewürzen auf dem Feuer einmal aufgekocht. Wenn diese Masse wieder etwas abgekühlt ist, rührt man die mit den Eiern verquirlte Milch dazu und siebt das Mehl mit dem Backpulver unter. Man bäckt den Kuchen in gefetteter Kastenform bei 180° eine gute Stunde in leicht vorgeheizter Röhre.

Anmerkung:
Dieser dankbare Kuchen, der sich nahezu unbegrenzt hält, war es wert, auch in normalen Zeiten beibehalten zu werden. Er schmeckt in der Adventszeit mit etwas Butter bestrichen hervorragend zu Tee, zu Glühwein oder Punsch.

Walnusshonigkung

Zutaten:
250 g Bienenhonig, 3 Eier, 200 g Zucker, 1 Teelöffel Zimt, 1 Teelöffel Kardamom, 100 g gehackte Walnüsse, 350 g Mehl, $^1/_2$ Päckchen Backpulver.

Der flüssige Bienenhonig wird mit den Eiern und dem Zucker sehr schaumig gerührt. Sämtliche Gewürze und die gehackten Walnüsse dazugeben und das Ganze mit dem mit dem Backpulver vermischten und gesiebten Mehl zu einem geschmeidigen Teig verkneten. Der Kuchen wird in gefetteter und gebröselter Kastenform bei 190 bis 200° hellbraun ausgebacken. Nach kurzem Abkühlen vorsichtig an den Rändern lösen und aus der Form stürzen. Nach endgültigem Abkühlen in 4 Teile schneiden, diese in Alufolie wickeln und in einem Steintopf aufbewahren. Nur in sehr dünnen Scheiben verzehren!

Damit sind wir beim Weihnachtsgebäck!

Noch bevor das *Plätzlabackn* losgeht, wird Stollen gebacken. Je schwerer und gehaltvoller dieser ist, desto länger muss er vor dem Anschneiden liegen. In Bayreuth und Umgebung bäckt man übrigens nicht nur an Weihnachten Stollen, sondern häufig auch zu Ostern und anlässlich einer Hochzeit, Taufe, Konfirmation oder Kommunion. Der Stollen dient dann, genau wie die *Kiechla*, zum Austeilen, und in nahezu jeder Familie gibt es ein persönlich überliefertes und bewährtes Stollenrezept. Zwei davon will ich hier weiterempfehlen:

Fränkischer Stolln

Zutaten:
1 kg Mehl, 75 g Hefe, $^{1}/_{4}$ l Milch, 150 g Zucker, Salz, Zitronenschale, Vanillezucker, 375 g Butter oder Margarine, 160 g gehackte Mandeln, 100 g Orangeat, 50 g Zitronat, 375 g Sultaninen und 125 g Korinthen.

Nachdem man alle Stollenzutaten möglichst über Nacht, mindestens aber einige Stunden in einen warmen Raum gestellt hat, bereitet man aus der Hefe, wenig lauwarmer Milch und einem Teelöffel Zucker *a Dämpfla*: In das in eine Schüssel gesiebte Mehl macht man eine Mulde, gießt den dickflüssigen Hefevorteig hinein, mischt noch etwas Mehl leicht darunter und lässt ihn in zugedeckter Schüssel an warmem Ort 30 bis 40 Minuten gehen. Zu diesem gegangenen Vorteig gibt man zunächst die restliche Milch, Zucker, Salz, Zitronenschale, Vanillezucker und die zerlassene Butter. Man verarbeitet alles gründlich zu einem geschmeidigen Teig. Wenn dieser Blasen wirft und sich vom Schüsselrand löst, gibt man die gehackten Mandeln, Orangeat und Zitronat sowie die leicht bemehlten Sultaninen und Korinthen dazu und knetet noch einmal kräftig durch. Nun formt man einen Stollen, lässt ihn auf einem mit

Alufolie ausgelegten Backblech nochmals ca. 40 bis 50 Minuten zugedeckt gehen und bäckt ihn dann bei 180 bis 190° in etwa einer Stunde aus. (Backrohr „leicht anfliegen lassen"!) Mit Puderzucker bestäuben oder mit weißer Zuckerglasur versehen.

Weihnachtsstolln nach altem Bauernrezept

(für 2 Stollen)

Zutaten:
1500 g Mehl, 80 g Hefe (2 Würfel), bis zu $^3/_4$ l lauwarme Milch, 350 g Butter, 125 g Schmalz, 125 g Schweinefett, 1 Teelöffel Salz, 3 Eigelb, 200 g Zucker, 2 Teelöffel Zimt, 1 Teelöffel Kardamom, 50 g geriebene Bittermandeln, 3 Esslöffel Vanillezucker, Schale von 2 Zitronen, 400 g gestiftelte und leicht geröstete Mandeln, 300 g gewiegtes Zitronat, 200 g gewiegtes Orangeat, 400 g Rosinen, 100 g Korinthen, 6 Esslöffel Rum.

Aus wenig Mehl, Hefe, etwas lauwarmer Milch und 1 Esslöffel Zucker den Vorteig herstellen und gehen lassen. Inzwischen das weiche, aber nicht flüssige Fett mit Zucker und Eiern sehr schaumig rühren und alle Gewürze dazugeben. Diese Schaummasse wird nun mit der nötigen Milch (bis zu $^3/_4$ l, nicht mehr!) und dem restlichen Mehl zu einem festen Hefeteig verknetet.

Zitronat, Orangeat, Rosinen und Korinthen hat man einige Stunden in dem Rum ziehen lassen und mischt dies nun mit den gestiftelten Mandeln unter den Teig. Nach gutem Durcharbeiten lässt man diesen wiederum gehen, formt 2 Stollen daraus, lässt diese über Nacht nochmals gehen und bäckt sie dann bei 180° in leicht vorgeheizter Röhre ca. 80 Minuten. Den noch warmen Stollen mit Butter bepinseln und mit Puder- und Vanillezucker bestäuben oder mit einem weißen Zuckerguss versehen.

Möge die gute Sitte des vorweihnachtlichen Plätzlabackens, die in den Familien nicht nur Adventsstimmung, sondern oft auch die rechte Voraussetzung für gute Gespräche miteinander schafft, noch lange erhalten bleiben, so wie sie mit den bescheidensten Mitteln durch Kriegs- und Nachkriegszeit weitergepflegt worden ist! Ich empfehle die folgenden bewährten Familienrezepte mit dem herzlichen Wunsche, dass die *Plätzla* auf Anhieb gut geraten mögen und möglichst wenig *Ofenkrippala* (dunkel geratene oder gar verbrannte Plätzchen) dabeisein sollen!

Anisplätzla

Zutaten:
140 g Zucker, 140 g Mehl, 2 Eier, 1 gehäufter Kaffeelöffel Anis.

Den Zucker mit den Eiern weiß rühren und das mit dem Anis vermischte Mehl untersieben. Mit Teelöffeln kleine Häufchen in nicht zu geringem Abstand auf ein gefettetes Blech setzen und über Nacht trocknen lassen. Am nächsten Tag bei leichter Hitze licht ausbacken.

Butterzeich

(Butterplätzchen)

Zutaten:
125 g Schmalz, 125 g Butter, 3 Eier, 250 g Zucker, 430 g Mehl, 1 Schuss Arrak und 1 Teelöffel Zimt.

Schmalz, Butter, Zucker und Eier sehr schaumig rühren und mit den übrigen Zutaten zu einem zarten Teig verarbeiten. Über Nacht kalt stellen und am nächsten Tag den Teig dünn auswellen und weihnachtliche Formen ausstechen. Diese im vorgeheizten Backrohr bei 190 bis 200° hell ausbacken und noch heiß in Zucker und Zimt wälzen.

Dattelmakrona

Zutaten:
3 Eiweiß, 180 g Zucker, 1 bis 2 Päckchen Vanillezucker, 250 g kernlose Datteln (im Reformhaus erhältlich), 250 g Mandeln.

Die Eiweiße zu sehr festem Schnee schlagen, den Zucker unter ständigem Weiterschlagen einrieseln lassen und die feinwürfelig geschnittenen Datteln mit den stiftig geschnittenen Mandeln vorsichtig unterheben. Man setzt mit 2 Teelöffeln kleine Häufchen auf Oblaten und lässt sie bei 160° mehr trocknen als backen.

Engländerla

Zutaten:
7 Eiweiß, 400 g Zucker, 500 g Mandeln.

Die Eiweiße werden auf nicht zu heißem Herd mit dem Zucker zu einer steifen Masse geschlagen und die abgezogenen und stiftig geschnittenen Mandeln untergehoben. Man setzt kleine Häufchen auf ein gefettetes Blech oder auf Oblaten und bäckt sie bei 180° hellgelb aus.

Farinschnittn

Zutaten:
5 Eier, 500 g Farinzucker (brauner Zucker), 1 bis 2 Teelöffel Zimt, $^{1}/_{2}$ Muskatnuss, Schale einer Zitrone, 100 g Orangeat, 500 g nicht zu fein geriebene Mandeln.

Die Eier werden mit dem Farinzucker kräftig gerührt – der Zucker soll sich dabei völlig auflösen – und sämtliche angeführten Zutaten dazugegeben. Diesen Teig streicht man auf große Oblaten und lässt ihn über Nacht trocknen. Nach dem Backen schneidet man längliche Streifen, überzieht diese mit weißer Glasur und bestreut sie mit Buntzucker.

Hoslnussschnittn

Zutaten:
6 Eiweiß, 500 g Zucker, 375 g Haselnüsse, 125 g Mandeln, 100 g Zitronat, 100 g Orangeat, etwas Zitronenschale.

Zum Guss: 1 Eiweiß, 1 bis 2 Päckchen Vanillezucker, 1 bis 2 Tropfen Zitronensaft.

Die Eiweiße werden zu Schnee geschlagen und mit dem Zucker kräftig gerührt, bis dieser sich aufgelöst hat. Nun gibt man die geriebenen Haselnüsse und Mandeln sowie Zitronat, Orangeat und Zitronenschale dazu, formt längliche Schnitten und überzieht sie vor dem Backen mit dem Guss. Für diesen schlägt man das Eiweiß schaumig und verrührt es mit Vanillezucker und Zitronensaft. Die so bestrichenen Schnitten werden bei nicht zu scharfer Hitze hell ausgebacken (etwa 30 Minuten bei 150°).

Haferflocknplätzla

Zutaten:
100 g Mehl, 600 g Haferflocken, 200 g Butter, 360 g Zucker, 2 Eier, 1 Teelöffel Backpulver, 1 bis 2 Päckchen Vanillezucker.

Die Butter mit den Eiern und dem Zucker sehr schaumig rühren und alles andere dazugeben. Von dieser Masse beliebig große Häufchen auf ein gefettetes Backblech setzen und bei Mittelhitze hellgelb ausbacken.

Haferflocknmakrona

(Kriegsrezept)

Zutaten:
2 Tassen Haferflocken, 2 Tassen Mehl, 1 Tasse Zucker, 100 g Butter, 6 Esslöffel Milch, 1 Päckchen Backpulver, 1 Päckchen Vanillepuddingpulver.

Aus sämtlichen Zutaten einen Teig kneten, längliche Plätzchen formen und sofort bei Mittelhitze ausbacken.

Honigplätzla

(Kriegsrezept)

Zutaten:
500 g Kunsthonig, 500 g Mehl, 200 g Zucker, 2 Eier, Zimt, Nelken, Kardamom, 25 g Natron, nach Bedarf etwas zusätzliches Mehl.

Kunsthonig mit Zucker erwärmen und mit sämtlichen angegebenen Zutaten auf dem Brett zu einem geschmeidigen Teig verarbeiten. Den Teig auswellen, mit Blechformen beliebige Plätzchenformen ausstechen oder Laibchen formen und mit Milch bestreichen. Bei Mittelhitze hell ausbacken.

Nürnberger Plätzla

Zutaten:
500 g Farinzucker (brauner Zucker), 4 Eier, je $^1/_2$ Teelöffel Zimt, Nelken und Kardamom, 100 g Orangeat, 100 g Zitronat, 2 Esslöffel Honig, 700 g Mehl, 1 Messerspitze Hirschhornsalz.

Der Farinzucker wird mit den Eiern gut schaumig gerührt und zunächst der leicht erwärmte und verflüssigte Honig, dann sämtliche anderen Zutaten, zuletzt das mit dem Hirschhornsalz gemischte und gesiebte Mehl untergehoben. Man dreht kleine Kugeln aus, die man zu Laibchen flachdrückt und auf gefettetem Blech bei mäßiger Hitze langsam ausbäckt.

Diese *Nämberchala* müssen rechtzeitig vor dem Verzehr gebacken und in Pappschachteln aufbewahrt werden!

Lebkung

Zutaten:
250 g ungeschälte geriebene Mandeln, 50 g feingewiegtes Orangeat, 125 g Zucker, 2 Eier, Zitronenschale, 1 Messerspitze Zimt, Nelken, Kardamom und Muskat.

Die Eier mit dem Zucker gut schaumig schlagen, alles andere hinzugeben und diesen Teig auf kleine Oblaten verteilen. Bei 150° ca. 20 bis 25 Minuten abbacken, mit weißer Zuckerglasur versehen und mit Buntzucker bestreuen.

Pfeffernissla

(Pfeffernüsschen)

Zutaten:
500 g Zucker, 4 Eier, Schale einer Zitrone, etwas Zimt, Nelken und Kardamom, $^1/_2$ Messerspitze Pfeffer, 500 g Mehl, 1 Messerspitze Hirschhornsalz.

Gelbarummtortn (Rezept auf Seite 107)
Stolln und Weihnachtsteller (Rezept auf S. 122 bis 137)
Marinierte Hering (Rezept auf Seite 93)
Keesberch (Rezept auf Seite 140)

Eier und Zucker gut schaumig rühren, sämtliche Gewürze dazugeben und zuletzt das mit dem Hirschhornsalz vermischte Mehl untersieben. Diesen Teig auf einem Nudelbrett gut zusammenkneten und etwa so dick, wie der kleine Finger ist, auswalken.

Man dreht mit der Hand kleine Kugeln und drückt sie sorgfältig in leicht bemehlte kleine Holzmodel. Man lässt die Pfeffernüssle über Nacht trocknen und bäckt sie am nächsten Tag auf einem mit Backwachs bestrichenen Blech bei mäßiger Hitze ab.

As Lebkungherz

Im Herbst, des is ann jedn bekannt,
is überoll Kärwa im Franknland!
Mit „Kirchenweihe" hängt des zwor nimma zamm ...
sie haltn aa „Kirchweih", wo sa gor ka Kärng hamm,
so gibts, beischbillsweis, scho seit a poar Joar
in Bareith a „Ypsilon-Haus-Kärwa" sogoar!

Aa a „Sportplatzkärwa" gibts – wenn ich eich sooch!
No ja, die Hauptsoch is halt da Lebastooch ...
Scho vorigs Joar hot es Korla gadocht, es muß saa,
daßer aa amoll mitdärf – oba er wor nuch zu klaa!
Für heier hotsn da Großvorra ganz fest versprochn,
und der hot nuch niemols sei Wort gebrochn.

Drumm hot sich des Korla wie a Schneekeenich gfreit
aufm Kärwasunntooch – do sennsa zu zweit
schee einträchtich losgazung – da Opa und sei Bu
quer durchn Wold – aufs Nochberdorf zu.
Vo weitn scho hörnsa es Karusell.

Wie sa dort senn, hot da Großvater auf der Schtell
sein Liebling a riesngroß Lebkungherz kaaft,
des is umma Hoor aufm Budn aufgschlaft,
weil ers am rutn Bändla rumghängt hot – ums Gnick;
oba begeistert, voll Kärwaglick
paßt es Korla gut auf, daßer nett schtolpert drieba
und ziecht mitn Opa weiter zur Schiffischaukl nieba.

Do is nemlich a „Überschlooch" dabei,
in den därfn bloß die Monnsbilder nei.
Des ist vielleicht schbannend, do zuzuschaua,
wie oft daß sich die des ieberhaupts traua.

Ma werd oogschnallt und muß dann mit eigner Kraft
immer höher naufschaukln mit Schwung, daß mas schafft,
daß die Schaukl ohm rumgieht – und do schtieht ma dann fei
buchstäblich amoll korz aufn Kupf dabei!

Aa Kärwasborsch hot des dreißigmol zammgabrocht.
Daß suwos ieberhaupts gibt, hot da Koarl net gadocht!
A ganza Schtund schauter zu, dann werdsn zu dumm,
und er lefft mitn Großvater nuch a weng rumm.

A Boar Brotwärscht griechter nuch – und a Limonad,
oba dann issa mied – und es werdn zu fad.
So gut wiesna gfalln hot – oba etzt mechter haam.
Zwoar mußer bloß nuch ganz schnell hintern Baam.

Da Großvata geht awall schee langsam zu ...
do hört ern auf aamol greina, sein Bu ...!
„No, wos hot denn mei Bärschla, wos isn los?"
„Schau na her, Großvater, des Herz is saachnooß!"

„No wenns weiter nix is – des konn doch passiern,
do braucht ma si, wemma su klaa is, ieberhaupt net scheniern,
und daß ich dir a neis kaaf, werstma duch glaam ...
des doda, des tumma da Oma mit haam ...
– etzt hör auf za greina, du Dummerla, geh ...
die Großmurra brockts sowieso nein Kaffee!"

Traudl Wolfrum

Eier-Marzipan

Zutaten:
250 g Zucker, 2 Eier, Schale einer halben Zitrone, 1 Messerspitze Pottasche, 250 g feines Mehl.

Der Zucker wird mit den Eiern und der abgeriebenen Zitronenschale „$^{3}/_{4}$ Stunden stets nach einer Seite gerührt" (beim heute üblichen Gebrauch einer Küchenmaschine verringert sich diese Zeit natürlich entsprechend). Sodann mischt man die Pottasche und das Mehl, das man gut vorgewärmt hat, dazu und knetet den Teig auf dem Nudelbrett gut ab. Nachdem er 1 Stunde zugedeckt geruht hat, walkt man ihn stückweise gut messerrückendick aus, bestäubt die Marzipan-Holzmodel leicht mit Mehl und drückt den Teig sorgfältig mit den Fingerspitzen in der Größe der Bilder auf die bestäubten Formen. Man lässt diese Medaillons 24 Stunden im warmen Zimmer stehen und legt sie am nächsten Tag auf ein stark bewachstes Backblech – manche bestreuen dieses mit etwas Anis – und bäckt sie bei ganz mäßiger Hitze, bis die Böden leicht gelb sind.

Anmerkung: Mit Lebensmittelfarben bunt bemalt, sind diese dekorativen Marzipanformen ein beliebter Christbaumschmuck.

Man kann dazu übrigens auch folgende Teigmasse verwenden:

Wasser-Marzipan

1 Pfund Zucker wird mit $^1/_4$ l Wasser und dem Saft einer Zitrone sowie etwas Arrak 1 Stunde gerührt, dann 1 Pfund mit Hirschhornsalz vermischtes Mehl untergeknetet. Nachdem dieser Teig 1 Stunde geruht hat, wird in gleicher Weise verfahren wie im vorhergehenden Rezept.

Roggnknusperla

(Kriegsrezept)

Zutaten:
300 g Mehl, $^1/_2$ Päckchen Backpulver, 4 Esslöffel Dosenmilch, 150 g Zucker, 150 g Butter, 2 Messerspitzen Salz, 2 Messerspitzen Zimt, Eigelb zum Bestreichen, Korinthen oder Hagelzucker zum Garnieren.

Alle Teigzutaten rasch miteinander verkneten und etwas ruhen lassen. Den Teig dann möglichst dünn ausrollen und unempfindliche Formen ausstechen. Diese mit Eigelb bepinseln, mit Hagelzucker oder Korinthen garnieren und bei 180 bis 190° ausbacken.

Spitzbumm

(Spitzbuben)

Zutaten:
210 g Butter, 90 g Zucker, 1 bis 2 Päckchen Vanillezucker, 300 g Mehl, 120 g unabgezogene geriebene Mandeln. Himbeermarmelade zum Füllen und mit ganz wenig Zimt vermischten Zucker zum Bestreuen.

Aus sämtlichen Teigzutaten rasch einen zarten Teig kneten und so lange kühl stellen, bis er nicht mehr klebt. Dann in kleinen Portionsstücken auf bemehltem Brett dünn auswellen und runde Förmchen oder Sternchen davon ausstechen. Diese auf ungefettetem, leicht bemehltem oder mit Alufolie ausgelegtem Blech in 10 bis 12 Minuten bei 200° hell ausbacken und jeweils 2 davon mit der Himbeermarmelade zusammenkleben. Noch heiß in Zucker und Zimt wälzen.

Es empfiehlt sich, dieses Rezept doppelt zu backen, weil es wenig ausgibt!

Türknköpfla

(Türkenköpfe)

Zutaten:
65 g zimmerwarme Butter, 1 Ei, 125 g brauner Zucker, 125 g Honig, eine Prise Muskat, Ingwer, Zimt, gemahlene Nelken und Piment, wenig Mandelwasser, Salz, 125 g geriebene Haselnüsse, je 25 g feingewiegtes Orangeat und Zitronat, 250 g Mehl, $^1/_2$ Päckchen Backpulver.

Die zimmerwarme Butter wird mit dem braunen Zucker und dem Ei gut abgerührt und alle übrigen Zutaten – der Honig wird leicht erwärmt! – dazugegeben. Diese Masse knetet man gut durch und stellt sie kühl. Man formt aus dem nun steifen Teig eine Rolle, von welcher man Portionsstückchen abschneidet und aus diesen Laibchen knetet, die man – nicht zu dicht nebeneinander – auf einem gefetteten Blech bei 180° hell ausbäckt.

Nach dem Erkalten werden die *Köpfla* mit einem Guss aus 80 g gesiebtem Puderzucker, einem Essl. flüssigem Kokosfett und wenig heißem Wasser überzogen.

Mandlkränzla

(Mandelkränze)

Zutaten:
250 g Mehl, 190 g Butter, 5 Essl. Sauerrahm (oder Buttermilch), 1 Eigelb, gehackte Mandeln, Zucker und Zimt, 1 Prise Salz.

Die eiskalte Butter in Flöckchen auf dem Mehl verteilen und mit dem Sauerrahm rasch zu einem zarten Teig verarbeiten; diesen an kühlem Ort einige Stunden – evtl. auch über Nacht – ruhen lassen. Den Teig nicht zu dünn auswellen und mit dem Rand eines Trinkglases und einem Fingerhut Ringe ausstechen, mit Ei bepinseln, mit gehackten Mandeln, Zucker und Zimt bestreuen und bei guter Mittelhitze (etwa 190°) hellbraun ausbacken.

(Die angegebene Menge ergibt etwa 50 Stück!)

Kokosmakrona

Zutaten:
4 Eiweiß, 200 g feiner Zucker, 1 Messerspitze Zimt, 2 Tropfen Bittermandelöl, 200 g Kokosraspeln.

Das Eiweiß zu steifem Schnee schlagen, bis ein Messerschnitt sichtbar bleibt. Zucker, Zimt und Backöl esslöffelweise unterschlagen und die Kokosraspeln langsam und vorsichtig unterheben. Mit 2 Teelöffeln kleine Teighäufchen auf ein gefettetes Backblech setzen und auf der Mittelschiene ca. 35 Minuten bei 160° backen.

Schneeflockn

Zutaten:
250 g Butter, 250 g Stärkemehl, 100 g Weizenmehl, 100 g Puderzucker, 1 bis 2 Päckchen Vanillezucker.

Sämtliche Zutaten rasch zu einem mürben Teig verkneten und kühl stellen. Dann kleine Kugeln drehen, mit einer Gabel flachdrücken, so dass ein Muster entsteht, und bei 200° 10 bis 15 Minuten ganz hell ausbacken.

Pfaffenhütla

(Eigelbverwertung)

Zutaten:
500 g Mehl, 300 g Butter, 200 g Zucker, die 4 bei der Herstellung der Kokosmakronen übriggebliebenen Eigelb, etwas Zitronenschale. Füllung: 75 g geriebene Mandeln, 1 geschlagenes Eiweiß, 75 g Zucker. 1 Eigelb zum Bestreichen.

Aus den angegebenen Teigzutaten rasch einen Knetteig herstellen und etwas ruhen lassen. Dann den Teig auf Mehl 3 mm dick auswellen, runde Plätzchen ausstechen und die Füllung auf diesen verteilen. Die Ränder mit etwas Eiweiß bepinseln und von drei Seiten zusammenschlagen. Mit verrührtem Eigelb bestreichen und auf gefettetem Blech bei 200° etwa 20 Minuten backen.

Vanillehörnla

Zutaten:
500 g Mehl, 300 g Butter, 250 g Zucker, 125 g ungeschälte, leicht geröstete geriebene Mandeln, 1 Ei, 4 bis 5 Päckchen Vanillezucker.

Die Butter wird schaumig gerührt, Zucker und Vanillezucker hinzugefügt, dann die gerösteten Mandeln und das Mehl dazugegeben und der Teig schnell zusammengearbeitet. Nachdem er etwas geruht hat, formt man nicht zu große Hörnchen daraus und bäckt diese bei 200° in ca. 20 Minuten hell aus. Noch heiß in Vanillezucker wälzen.

Echte Zimtschtern

Zutaten:
3 Eiweiß, 250 g gesiebter Puderzucker, 250 g feingeriebene Mandeln, 1 Esslöffel Zimt.

Zum Guss: Puderzucker, Vanillezucker, 1 Messerspitze Ingwer, 1 Esslöffel Kokosfett, einige Tropfen sehr heißes Wasser.

Die Eiweiße werden sehr steif geschlagen, der gesiebte Puderzucker wird unter Weiterschlagen dazugegeben und das Ganze miteinander noch $^{1}/_{2}$ Stunde gerührt. Hierauf folgen die feingeriebenen Mandeln, die nicht abgezogen zu sein brauchen, und der Zimt. Diesen zarten Teig wellt man in kleinen Portionen auf Puderzucker etwa 1 cm dick aus. Man sticht mittelgroße Sternformen aus, bäckt sie bei mäßiger Hitze und überzieht sie nach dem Backen mit dem Guss, der aus den angegebenen Zutaten sorgfältig gerührt wurde.

Husarenkrapfn

Zutaten:
100 g Zucker, 50 g Butter oder Margarine, 150 bis 200 g Haferflocken, 50 g geriebene Haselnüsse oder Mandeln, 1 Ei, 1 Messerspitze Backpulver. Beliebige Marmelade zum Füllen, Puderzucker und Rum für den Guss.

Zucker und Butter etwas verrühren und sämtliche weiteren Teigzutaten hinzugeben. Aus dieser gut durchgearbeiteten Teigmasse kleine Kugeln drehen, in die Mitte mit dem Zeigefinger oder einem Löffelstiel eine Vertiefung machen und Marmelade hineinfüllen.

Die *Kräpfla* nicht zu dicht nebeneinander auf ein gefettetes Backblech setzen und in leicht aufgeheizter Röhre in ca. 15 Minuten hell ausbacken.

Nach dem Backen mit einem dicken Guss aus Puderzucker und Rum überziehen. (Ergibt 30 bis 40 Stück.)

Eine beliebte Dekoration für den weihnachtlichen Plätzlasteller waren und sind übrigens:

Quittenstückla

Beliebig viele Quitten werden gewaschen, in grobe Schnitzel geschnitten und mit wenig Wasser nicht zu weich gekocht. Man schüttet die Früchte auf ein Sieb und lässt sie abtropfen. (Der Saft kann zu Quittengelee verwendet werden!) Die abgetropften Früchte werden durch ein Haarsieb gestrichen, gewogen und mit der gleichen Menge Zucker unter fleißigem Rühren auf schwachem Feuer dick gekocht. Nun bestreicht man ein großes Pergamentpapier mit feinem Öl, streicht die Quittenmasse gleichmäßig etwa fingerdick auf und lässt sie einige Tage trocknen. Dann wendet man sie um und lässt sie auch auf der anderen Seite trocken werden. Man schneidet verschobene Vierecke oder sticht kleine Plätzchenformen aus, wendet sie in Hagelzucker und bewahrt sie in Blechdosen auf

Die Quittenstücke sehen besonders hübsch aus, wenn man die Masse mit der zugelassenen Lebensmittelfarbe appetitlich rot färbt!

Brotzeiten

„Des sieẞa Zeich komma gschtohln bleim – mir is a gscheita Brotzeit lieber!" sagt so mancher Bayreuther.

Deshalb noch ein paar Brotzeiten:

Omas Fleischsalot

Zutaten:
Äpfel, Gewürzgurken, Schinkenwurst.

Zur Marinade:
Joghurt und Majonäse zu gleichen Teilen, Salz, Pfeffer, Zitronensaft.

Zubereitung:
Gleiche Menge Äpfel und Gurken in etwa gleichgroße Würfel schneiden, ebenso die 300 bis 400 g Schinkenwurst.

Die Marinadezutaten anrühren und untermischen, gut durchziehen lassen und nochmals abschmecken.

Anmerkung:
Eine besondere Geschmacksnote verleiht dem Fleischsalot ein bisschen Curry!

Selbergmachte Sulzn

(hausgemachte Tellersülze)

Zutaten:
1 gepökelte Schweinshaxe, *1 Schweinsschwänzla*, 1 Schweinsohr, etwa 300 g mageres Bauchfleisch, Wurzelwerk (gelbe Rübe, Sellerieknolle, Petersilienwurzel), eine mit 2 Gewürznelken besteckte Zwiebel, etwas Zitronenschale, 1 bis 2 Lorbeerblätter, 3 bis 4 Wacholderbeeren, Salz, Pfeffer, 1 l Wasser, etwa $^1/_8$ l Essig, 1 Prise Zucker, beliebige Suppenwürze.

Das Fleisch waschen und mit sämtlichen Gewürzen in dem Essigwasser gut weich kochen. Noch warm entbeinen und zerkleinern. Nochmals reichlich rohe Zwiebelwürfel oder -ringe dazugeben, mit dem Fleisch noch einmal aufkochen und nach Geschmack kräftig mit Zucker, Salz, Pfeffer und Essig abschmecken. Sofort auf Teller oder in Schüsseln verteilen, evtl. mit Gurken und Eischeiben garnieren und über Nacht erstarren lassen. Dazu gibt es kräftiges Schwarzbrot mit Meerrettich oder Senf oder Bratkartoffeln.

Heringshäckerla

(herzhafter Brotaufstrich)

Zutaten:

3 Heringe (Bismarck, Matjes oder dergleichen), 3 hartgekochte Eier, 2 mittelgroße Zwiebeln, 2 bis 3 Essl. Senf, 2 Essl. Essig, 3 Essl. Salatöl, knapp 1 Essl. Zucker.

Die Heringe, die Eier und die geschälten Zwiebeln durch den Fleischwolf drehen oder auf einem Brett mit dem altbewährten *Wiechmessa* sehr fein wiegen. Den *Semft* mit Essig, Öl und Zucker gut „verkläppern" und sorgfältig mit der Heringsmasse vermischen.

Hält sich mehrere Tage und eignet sich auf herzhaftem Schwarzbrot bestens zum Mitnehmen als Brotzeit – zum *Seidla* Bier.

Presssack mit Musik

Zutaten:
300 bis 400 g roter oder weißer Presssack, Essig und Öl, Salz und Pfeffer, nach Geschmack eine Prise Zucker, 1 große oder 2 kleine, in feine Würfel geschnittene Zwiebeln. Nach Geschmack 1 Teelöffel Senf zum Binden der Marinade.

Presssack in gleich große Würfel schneiden, in eine Schüssel geben, sämtliche Marinadezutaten gut miteinander verrühren und über den Presssack geben. Zuletzt Zwiebeln unterheben.

Anmerkung: In gleicher Weise bereitet man *Stadtwurst mit Musik* oder *Knackwurst mit Musik* zu.

Keesberch

(angemachter Camembert)

Wos ma heit überoll als „Obatztn" kennt,
des hamm mir in Bareith frieher an Keesberch gnennt
oder einfach ongmachtn Camembert.
Und damit der schee waach und streichfähich werd,
muß man feinblättrig schneidn und gut zerpflückn,
zirka 60 Gramm Butter nuch drunterdrückn,

a klaans Zwiffala hieschneidn, so fein wies geht,
dann wird er mit die Händ noch kräftig geknet ...
A bissla Paprikapulver noch – Leit, des schmeckt fein –
ganz worscht, ob's zum Bier is oder zum Wein!

Dazu gehört ein herzhaftes Schwarzbrot.

Bauernkeesla

(Käszwergla)

Zutaten:
5 l ungerahmte Milch (Milchhofprodukte nicht geeignet), 1 gestrichener Essl. Salz, 1 gestrichener Teel. Pfeffer.

5 l Milch so lange stocken lassen, bis sich ungefähr die halbe Menge Wasser abgesetzt hat. Die gestockte Milch in ein Leinentuch oder -säckchen füllen und ca. 24 Stunden abtropfen lassen. Den so gewonnenen Quark mit Salz und Pfeffer würzen und zu kleinen, mit der Hand flachgedrückten Käselaibchen formen. 1 bis 2 Tage auf Leinentüchern trocknen lassen. Nach dem Abtrocknen in mit Salzlauge getränkte Tücher packen und 3 bis 4 Tage lang jeden Tag wechseln. Läuft der Käse außen leicht pelzig an, ist er gerade richtig. In einem zugedeckten Steinguttopf aufbewahren und zu herzhaftem Schwarzbrot als kräftige Brotzeit – nach Belieben mit etwas Kümmel bestreut – genießen.

Ziebalaskees

(weißer Käse oder Quark)

Der Quark wird durch ein Sieb gestrichen. Auf $^1/_2$ Pfund Quark rechnet man 4 Esslöffel sauren oder süßen Rahm oder Milch und 1 Messerspitze Salz. Man rührt den Käse gut mit diesen

Zutaten durch und würzt ihn mit reichlich Kümmel und feingeschnittener Zwiebel oder auch Schnittlauch bzw. anderen Gartenkräutern.

Wenn man den *Ziebalaskees* aufs Feld zur Brotzeit mitgenommen hat, pflegte man etwas frische Butter, schaumig gerührt oder in feine Flöckchen zerteilt, unterzuheben. Das schmeckt gut und hält frisch.

Ziebalaskees heißt der Quark im Bayreuther Land, weil er von alters her gerne als Futtermittel bei der Aufzucht der „Ziebala", wie die frisch ausgeschlüpften Küken hier genannt werden, verwendet wird.

Liptauer Kees

In einen Tassenkopf voll Quark rührt man etwas sauren Rahm, etwas geriebenen Hartkäse, sehr feingewiegte Essiggurken, eine halbe felngewiegte Zwiebel, Salz und Paprika.

Backschtakees und Rettich

(Romadur oder Limburger)

Den *Stinkadores*, wie man bei uns diesen stark duftenden Käse nennt, bewahrt man unter einer Glocke an nicht zu kühlem Ort auf, damit er schön weich und „durch" wird. Zum Verzehr schneidet man dazu einen Rettich in sehr feine Scheiben, würzt diesen mit Salz und wenig Pfeffer, gibt einen kleinen Schuss Wasser oder Dosenmilch dazu und lässt ihn zugedeckt *a weng greina* (weinen bzw. hier: Wasser ziehen).

Zu dem so vorbereiteten Rettich schmeckt auch ein Stück Schweizer Käse, mit Paprika und Pfeffer bestreut. Dazu ein Butterbrot und natürlich *a Seidla Bier,* wie zu jeder Brotzeit.

Wenn man tüchtig durchgefroren ist oder sich erkältet fühlt, trinkt man bei uns übrigens auch gern einmal ein

Warmbier

Zutaten:
1 Seidla Bier, 80 bis 100 g Zucker, etwas Stangenzimt, die abgeriebene Schale einer halben Zitrone, 1 bis 2 Eigelb, ca. $^{1}/_{8}$ l Milch,
Zitronensaft oder Rum nach Geschmack.

Das Bier mit Zucker, Zimt und Zitronenschale aufkochen. Die mit dem Eidotter verrührte Milch nach und nach zu dem heißen Bier gießen. Zitronensaft oder Rum vor dem Einfüllen in die Gläser verteilen und das heiße Bier zugießen.

Während das Warmbier mit Vorliebe an kalten Wintertagen genossen wird, ist das nachfolgende *Gsöff* (auf hochdeutsch Getränk) ideal für heiße Sommertage:

Hollersekt

(erfrischendes Sommergetränk)

Zutaten:
7 saubere, trockene Holunderdolden, 7 l kaltes Wasser, 7 Zitronenscheiben, 1 Pfund Kandiszucker.

Alle Zutaten in einem großen Gefäß ansetzen, zugedeckt stehen lassen und täglich einmal kräftig umrühren.

Nach 7 Tagen den Hollersekt sorgfältig – tunlichst durch den Kaffeefilter – abseihen und in Flaschen abfüllen. Er ist sofort trinkfertig und, gut gekühlt, ein durstlöschendes, gesundes Getränk.

Zu beidem, vor allem aber zum Frankenwein, passt hervorragend der folgende

Zwifflkung

(Zwiebelkuchen)

Zutaten zum Teig:
125 g Mehl, 75 g Mondamin, 1 Eigelb, 125 g Butter oder Margarine, 4 Essl. kaltes Wasser, 1 Prise Salz.

Zum Bestreuen:
Semmelbrösel.

Zutaten zum Belag:
500 g Zwiebeln, 50 g durchwachsener Speck, 2 bis 3 Essl. Öl 2 Eier, 1 Eweiß, 200 g Sauerrahm, Salz, Pfeffer, beliebige Suppenwürze, wenig Kümmel.

Alle Teigzutaten schnell und gut miteinander verkneten und kalt stellen.

In der Zwischenzeit für den Belag Zwiebeln und Speck in Würfel schneiden, in dem Öl leicht dünsten und abkühlen lassen. Eier und Eiweiß mit dem Sauerrahm gut verquirlen, das Speck-Zwiebel-Gemisch, Salz, Pfeffer, Suppenwürze und Kümmel dazugeben und herzhaft abschmecken.

Den Teig in eine gefettete Spring- oder Tortenbodenform (letztere mit glattem Rand) drücken und im vorgeheizten Ofen bei guter Mittelhitze etwa 20 Minuten vorbacken, dann den Boden mit Sernmelbrösel bestreuen, den Belag gleichäßig darauf verteilen und den Zwiebelkuchen in weiteren 20 Minuten fertigbacken.

„ Wos ganz Extrixs zum Schluss"

Löwenzahnsirup

Etwa 200 schöne, große Blüten bei Sonnenschein (!) pflücken und in 2 l Wasser ca. 20 Minuten kochen, durch Kaffeefilterpapier abtropfen lassen und diesen Saft mit 3 Pfund Zucker und dem Saft von 2 Zitronen 2 Stunden kochen und in Gläser füllen.

Hilft für alles ... und gecha gor nix!!!

So, des wär's!

Zwoar immer noch nett alles, wos ma gern ißt in Bareith,
do gebats noch manches – oba des führat zu weit!
Do müßt ma dann „Pizza" und „Schaschlik" noch nenna
und alles, was mir erscht seit nochn Kriech kenna.
Oba so woar des Biegla aa nett gedacht,
wos do drinna schteht, hamm unnere Varfoarn scho gmacht,
und damit ma in fuchzich oda hunnert Joarn
nuch waaß, was unnera Leibschbeisn woarn,
hob ich a boar aufgschriem – für alle die Leit,
die a bißla was iebrich hamm für unner Bareith!

All den Leuten, die mir in freundlicher Weise Rezepte genannt oder überlassen haben, an dieser Stelle ein herzliches „Vergelt's Gott!"

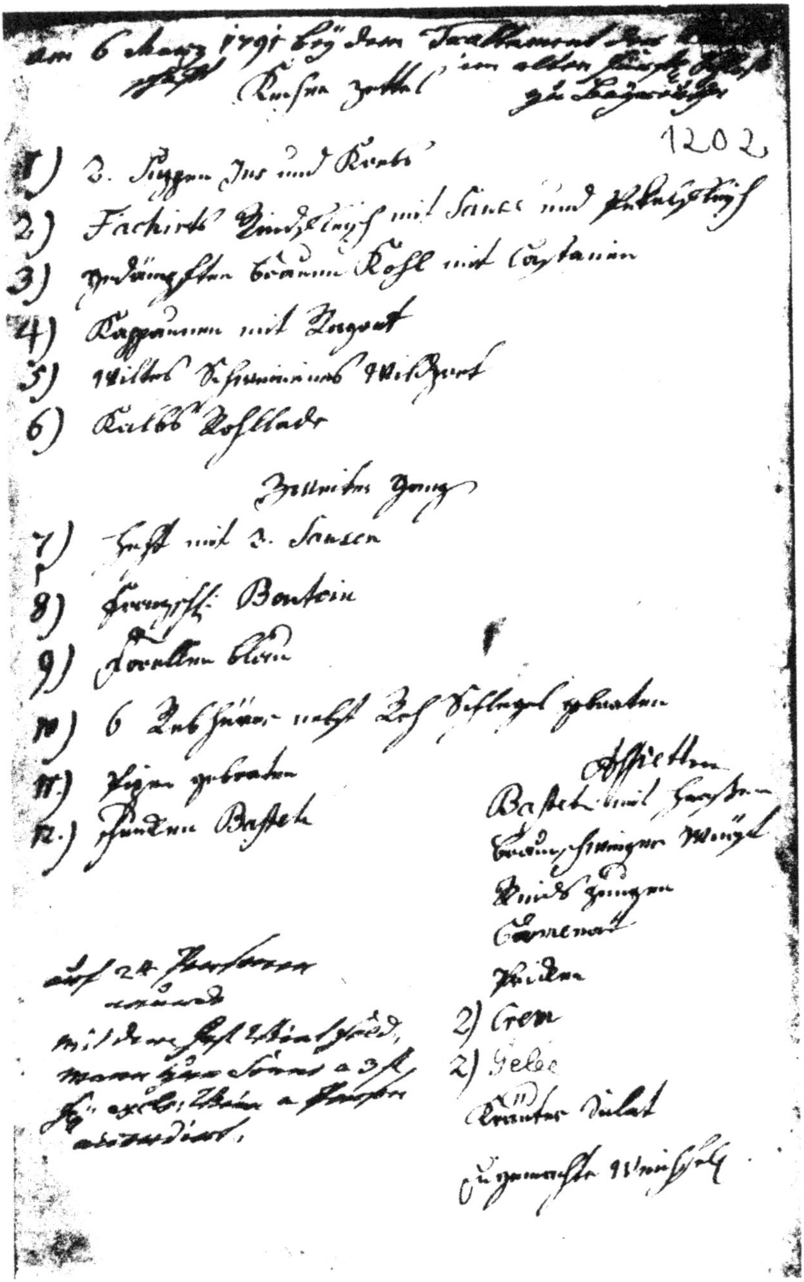
am 6 Marz 1791 bey dem Tractament der [illegible] im alten Fürsthaus zu Bayreuth

Kuchen zettel

1202

1) 2. Suppen Jus und Krebs
2) Fachirts Rindfleisch mit Sauce und Schinkenfleisch
3) gedämpften braunen Kohl mit Castanien
4) Kappaunen mit Ragout
5) Wildes Schweinernes Wildpret
6) Kalbs Costlade

Zweyter Gang

7) Hecht mit 2. Saucen
8) Französ: Bontein
9) Forellen blau
10) 6 Rebhüner nebst Zahm Geflügel gebraten
11) Hasen gebraten
12) gebackene Bastete

Assietten
Bastet mit Hechten
Braunschweiger Würst
Rinds Zungen
Carmenade
Pricken
2) Crem
2) Gelee
Kräuter Salat
Eingemachte Weinschl.

auf 24 Personen [illegible] mit dem [illegible] Wein, dann für Personen a 3 fl [illegible] accordiert.

Dass man in Bayreuth auch schon vor nahezu 200 Jahren *gwißt hot, wos gut is*, ist aus diesem Küchenzettel (Vorschlag) für ein bürgerliches Gastessen zu ersehen.

Am 6. März 1791 bey dem Traktament der Landschaft im alten fürstl. Schloß zu Bayreuth.

Küchenzettel

1) 2 Suppen Jus und Krebs
2) Fachirts Rindfleisch mit Sauce und Pekelfleisch
3) gedämpften braunen Kohl mit Castanien
4) Kappaunen mit Ragout
5) wiltes Schweinenes Wildpret
6) Kalbs Rohllade

Zweiter Gang

7) Hecht mit 2 Saucen
8) Franzess. Boutein
9) Forellen blau
10) 6 Rebhühner nebst Reh Schlegel gebraten
11) Pipen gebraten
12) Schinken Bastete

Assietten (Zwischengerichte)

Bastete mit Haaßen
Braunschweiger Würst
Rindszungen
Cremenat
Pricken
2) Creme
2) Gelée
Kräuter Salat
Eingemachte Weichsel

auf 24 Personen wurde mit dem Gast Wirt Feldmann zur Sonne a 3 Fl. frk excls. Wein a Person accondiert.

Register

Die Gedichte von Samuel Bach entstammen der Veröffentlichung: Bareither Klös – Humoristische Dichtungen in der Mundart des Bayreuther Landes. Neue Folge: Backna Klös. Franken-Verlag, Wunsiedel 1927.

Liedermacher - Künstler - Entertainer
Alexander Sandy Wolfrum
Alexander
Wolfrum
das aktuelle Studioalbum
Es
bleibt
dabei
1980 - 2010, 30 Jahre Live
Live
feelsaitig
...feelsaitig wie eh und je
ALEXANDER WOLFRUM
Rockige Balladen
Akustik-Songs
Chanson
Sandy
Wolfrum
Ausgewählte Lieder und Songs
aus 20 Jahren handgemachter
Wolfrum´scher Musik

Eigene Rezepte